광대한 진리의 보고, 그 속에서 뽑아낸 선정(禪定)한 지혜

부처님 말씀과 마음공부

광대한 진리의 보고, 그 속에서 뽑아낸 선정(禪定)한 지혜

부처님 말씀과 마음공부

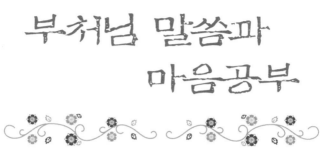

법상 지음

무한

서 문

강원도로 거처를 옮기고 나서부터는 새벽예불을 끝내고 나오면서 온도계를 살펴보는 버릇이 생겼다. 올해는 작년보다도 유난히 추운 날이 많았다. 영하 10도 이하로 내려가는 날들이 많고, 또한 20도를 전후로 오르락내리락 하는 날도 부지기수다. 오늘 아침도 절이 영하 20도, 이 중에도 산골지역에서는 영하 23도, 그리고 체감온도는 영하 34도까지 내려갔다. 이렇게 추운 날들이 계속되다가 또 잠시 주춤할 때면 때때로 눈 소식이 마른 눈을 씻어주곤 한다. 마을 농부들이 작년보다는 눈이 많이 내려 농사 시름을 조금 덜겠다며 수줍은 미소를 보인다.

함박눈이 그림처럼 도량을 수놓을 때 도솔산방의 다실 너른 창밖으로 보이는 풍경은 누구든 감탄사를 쏟아내지 않을 수 없게 만든다. 수

북한 눈밭에 비질로 눈길을 내다가 언 손을 호호 불며 다실로 들어와 따뜻한 녹차 한 잔을 마시는 그 기분을 어찌 말로 표현할 수 있을까. 따뜻한 차 한 잔 입에 띄워놓고 하염없이 떨어지는 시린 눈을 보다가 곁에 있던 경전을 문득 열어 눈길이 머무는 게송을 읽고 있노라면, 아! 여기가 인간 세상인지 도솔천인지 경계가 흐려지고 만다. 때때로 쌓인 눈보다도 더 시린 성성한 지혜의 가르침 한 구절을 만날 때는 첫 사랑을 만나는 것보다 더한 떨림과 환희심에 몇 번이고 그 운율을 되뇌며 외기도 한다.

누구나 때때로 책 한 권이 자신을 송두리째 변화시키는 경험을 하지 않는가. 혹은 책의 어느 한 구절에서도 인생을 바꾸어 놓을 만한 큰 스승을 만나기도 한다. 또 한참을 괴로운 일로 몸도 마음도 피폐해지고 지쳤을 때 문득 펼친 경전의 어느 한 구절에 노곤하던 심신을 일시에 제거되면서 벅찬 감동을 받기도 하고, 어떤 일로 이 고민 저 고민하며 도저히 답을 찾지 못할 때 어떻게 부처님께서 알고 나에게 법문을 들려주시려는 듯 문득 펼친 경전의 경구에서 무릎을 탁 치며 탄성을 자아내는 때도 있다.

부처님 가르침이야말로 얼마나 광대무변한 진리의 보고인가. 그야말로 인류에서 또 역사 속에서 찾아볼 수 있는 그 모든 철학, 종교, 사상, 가치들이 고스란히 담겨있을 뿐 아니라 그 어떤 성인들도 찾아내지 못한 수많은 진리들이 보석처럼 숨겨져 있다.

그럼에도 불구하고 불자들이나 또 일반인들은 쉽게 불교 경전에 가까이 접근하지 못하고 있다. 그 이유는 무엇일까. 불교 경전 가운데는 너무 어렵고 이해가 난해하거나, 모르는 용어가 너무 많거나, 그 깊이를 도무지 헤아릴 수 없는 부분도 있고, 기본적인 불교적 소양 없이는 해석 불가능한 것들도 있다 보니 초심자들이 처음 불교 경전을 대할 때의 그 막막함은 충분히 헤아리고도 남음이 있다. 급기야 선어록이나 선문답에 이르러서는 도무지 생각과 분별을 떠나있는 격외도리에 책장을 덮어야 하는 때가 누구나 한번쯤은 있었을 것이다.

그러면 과연 불교경전들은 모두가 이렇게 어렵기만 한 것인가. 물론 그렇지 않다. 모든 사람들이 충분히 공감할 수 있는 쉽고 친절한 경전도 있고, 현대의 그 어떤 위대한 시보다도 아름다운 운율과 함축으로 이루어진 문학적인 가르침도 있으며, 일상의 삶에 직접적인 변화를 가져다주고 구체적인 실천 방법으로 감동을 전해주는 가르침들도 무수히 많다. 그렇다면 우리가 그 방대한 경전 가운데 어떻게 그런 지혜롭고 아름다우며 실천적인 가르침을 만날 수 있을까. 이 책은 바로 그러한 가르침들을 찾아보고자 하는 생각에서 틈틈이 모았던 노력의 결실이다.

먼저 이 책에서 뽑아놓은 가르침들은 주로 시적인 운율과 쉽고 간결한 이해, 그리고 실천적인 게송들을 담도록 노력했다. 짧으면서도 우리 삶에 강한 여운을 남기는 게송, 그리고 현실의 삶을 어떻게 살아나가야 하는가에 직접적인 해답을 주는 게송, 초심자들이 읽기에도 무리가 없고 쉽지만 불교의 가르침이 고스란히 담겨 있는 게송 등을 뽑고자 노력을 했다.

물론 경전은 초기경전 아함경에서부터 대승불교의 모든 경전과 논서들까지 전 영역을 가리지 않고 위의 기준에 부합하는 것이라면 모아 보았으며, 아마도 불교를 조금 공부하신 분들이라면 어느 정도는 익숙히 들어 보았을 법한 게송도 더러 담겨 있을 것이다.

그리고 이렇게 선정한 아름다운 가르침에 누를 끼치는 것 같아 조심스럽기는 하지만 그 가르침의 이해에 조금이라도 도움을 주기 위해 조금씩 사족을 붙였다. 해설에서도 마찬가지로 삶 속에서 당장이라도 실천 가능한 부분들을 조금 더 분명하게 드러내어 삶과 신행생활에 도움을 주고자 하는 관점에서 적어 보았다.

이러한 기준에 따라 뽑은 주제들은 주로 가장 많이 부딪히는 눈앞의 현실인 가정, 직장, 사랑, 소유, 재산, 자식, 선악, 언어 등에 대한 주제들에서부터 나아가 부자, 가난, 나눔, 죽음, 고독, 효도, 술, 외도, 점과 관상, 음식, 환경, 종교화합에 이르기까지 다양하며 또한 어떻게 다스려야 좋을지 모르는 번뇌인 증오, 원망, 질투, 비난, 탐욕, 집착 등에 대한 이야기, 일상생활을 바꿈과 동시에 수행과 기도의 생활을 하고자 하는 이들을 위해 명상, 선, 기도, 정진, 깨어있음, 관조, 자비 등의 수행 덕목들도 함께 다루어 봄으로써 모름지기 불교 게송을 통한 전체적인 불교 공부와 생활수행이 가능하도록 꾸며 보았다.

각각의 게송들은 서로 다른 주제와 내용들을 담고 있으므로 이 책은 어느 장부터 읽어도 상관없으며, 때때로 책장에 꽂아 두었다가 삶에서 힘겹고 어려운 일들을 만났을 때 그저 마음 가는 주제를 찾아 읽어보아도 좋다. 누구나 힘들고 괴로운 일 때문에 상실에 빠지거나 오랜 슬럼프로 괴로워할 때 문득 뽑아 아무렇게나 펼친 페이지에서 순간 광명을 만난 듯 나에게 꼭 필요한 글을 읽게 되지 않는가. 이 책이 그런 몫을 단 한 사람에게라도 할 수 있다면 그것으로 이 책의 역할은 충분하다고 본다. 부처님의 말씀은 짧더라도 그 안에 일평생을 사유하고도 깨닫지 못할 무한한 깊이의 진리를 품고 있으며, 그 어떤 삶 속에서 마주치는 괴로움, 불행일지라도 부처님 진리 안에서 풀리지 않는 것을 나로서는 아직 본 적이 없기 때문이다.

모쪼록 이 책이 불교를 조금 더 쉽게 만날 수 있게 해 주고, 평소 무겁고 어렵다고 느껴졌던 경전에 대한 부담과 편견에서 벗어날 수 있

게 해 주며, 개개인의 삶에 작은 지혜와 행복을 안겨 줄 수 있기를 바라는 마음으로 부처님께 헌공 올리며 발원해 본다.

눈 덮인 도솔산방에서

법 상

차례

서 문

집착 執着

업 業

마음

11

중도
中道

평화

진리

인생 人生

수행

修行

집착

執着

세상 모든 것들은 끊임없이 변화하면서 이 끝없는 우주를 여행하는 임무를 부여받았다.
그들의 목적은 끊임없는 여행에 있지 어느 한 곳에 정착하는데 있지 않다. 바로 그 사실
을 깨달아야 한다. 사실은 '내 것'이 아니라 여행길 위에서 잠시 들른 간이역일 뿐이다.

사랑이 아니라 사랑의 인연일 뿐이다

욕망은 화살과 같이 빠르고 정확하다.

두 남녀 사이에서 불붙는 욕망은 번뇌의 뿌리이다.

이성(異性)보다 강한 욕망은 없다.

이 세상에서 이성과 같은 것이

하나만 있다는 사실은 여간 다행한 일이 아니다.

그러나 이성은 번뇌의 뿌리가 아니라 깨달음의 뿌리이다.

마치 메마른 땅이나 사막에서는 연꽃이 피어나지 못하는 것처럼,

번뇌 때문에 깨달음의 싹은 튼다.

『이취경』

남녀 사이에서 불붙는 욕망의 크기만큼 거대하고 꼼짝달싹 못하게 하는 것이 또 있을까. 이성보다 더 강한 욕망은 없다. 그러나 되짚어 보면 이성에 대한 욕망의 크기가 큰 만큼 그로인한 깨달음도 크다. 지혜로운 수행자에게 이성은 깨달음의 뿌리이지만, 어리석은 중생에게 이성은 번뇌의 뿌리이다. 이성으로 인해 가슴 아파하고, 번뇌해도 좋다. 그로인해 깨달음의 싹은 트기 때문이다.

푸른 하늘처럼 사랑하는 사람을 사랑하라. 다만 사랑하는 동안 사랑이 생겨나고 머물고 떠나가는 그 모든 과정을 온전한 깨어있음으로 지켜보라. 사랑으로 인한 아픔도 사랑으로 인한 기쁨도 모두를 받아들이라. 어느 한 쪽만 일어나기를 바라지 말라. 양쪽 모두 우리에게는 필요하다. 사랑으로 인한 기쁨만을 바라는 사람은 불붙는 욕망으로써의 사랑에 빠지고 말지만, 그로인한 슬픔도 아픔도 모두를 직시하고 받아들이는 사람에게 사랑은 성스러운 수행의 과정이다. 온전히 사랑하는 순간순간을 깊이 느껴 볼 수 있고 알아챌 수 있다면 그것은 욕망이 아닌 깨달음의 순간이 된다.

사랑으로 인한 가슴 아픈 번뇌의 마음도 있는 그대로 지켜보고, 아파하는 그 근본에까지 바라봄이 빛을 놓을 수 있도록 살피고 또 살피라. 그렇게 되면 이성이 고정된 실체가 아님을 보게 된다. 이성에 대한 감정, 이를테면 사랑과 번뇌까지도 실체가 없다는 것을 깨닫게 된다.

사랑하는 것이 아니고, 미워하는 것이 아니며, 내가 그로인해 행복하고 아파하는 것이 아니라, 다만 그러한 인연이었음을, 다만 그러한 상황이었음을 깨닫게 된다. 내가 그 사람을 사랑한 것이 아니다. 다만 그 사람과 나와의 인연이 사랑이었을 뿐이다.

모든 인연은 한번 모이면 반드시 사라진다는 무상(無常)의 속성을 가진다. 인연 따라 모인 것은 인연이 다 하면 반드시 흩어지게 마련이다. 모이고 흩어지는 것을 받아들이는 것이야말로 참된 사랑이다. 그것을 받아들이면 잠시 모인 사랑의 인연에 얽매이지도 집착하지도 않는다. 사랑 또한 다만 인연으로 사랑이 되었음을 안다면 그 사랑이라는 불붙는 감정 그 자체가 사랑이 아닌 줄 깨닫게 될 것이다. 그러한 사랑의 뜨거운 감정은 다만 인연이 만들어 낸 환영일 뿐이다.

아침 햇살에 반짝이는 이슬처럼 눈부시게 사랑하라. 그러나 눈부신 햇살은 곧 정오를 맞고 이윽고 짠한 석양으로 기울어져 간다는 사실을 받아들이라. 받아들일 것을 받아들일 줄 아는 것이야말로 참된 사랑이다.

사랑처럼 미움도 미움이 아니라 미움이라는 인연일 뿐이다. 그 사람이 미운 것이 아니라, 다만 그 사람과 나와의 인연이 미움일 뿐이다. 그러니 다만 그 미움의 인연을, 그 상황을 미워할지언정 그 사람을 미워할 필요는 없다. 사랑도 미움도 인연이 만들어 낸 조화일 뿐, 거기에 얽매이는 순간 사랑에 미움에 휩쓸리고 만다. 사랑하고 미워하되 얽매이지는 말라.

사랑은 사랑이 아니라 다만 사랑이라는 인연일 뿐이다.

정착하지 말고 여행하라

자신의 소유가 아닌 것은 집착하지 말고 다 버려라.

내 것이 아닌 것을 모두 버릴 때 세상을 소유할 수 있다.

만약 어떤 이가 뒷동산에 있는 나뭇잎을 가지고 간다고 했을 때

왜 나뭇잎을 가졌느냐고 그와 싸우겠는가.

수행하는 사람들도 그와 같아서

자기 소유가 아닌 물건에 대하여 애착을 버려야 할 것이니

버릴 것을 버릴 수 있어야 마음이 평온하다.

『잡아함경』

본래부터 '내 것'이 어디에 있는가. '나'라는 존재 또한 잠시 인연 따라 왔다가 인연 따라 가는 무상한 존재인데, 하물며 '내 것'이라고 붙잡아 두고 집착할 것이 무엇이겠는가. 뒷동산의 나뭇잎이 어찌 '내 것'일 수가 있으며, 땅에 금을 그어 놓고 돈을 지불한다고 어찌 '내 땅'일 수가 있겠는가. 그것은 인간의 오만한 생각일 뿐. 이 세상에 내가 영원히 가질 수 있는 것은 어디에도 없다.

그렇다고 일체의 모든 소유를 다 버리고 완전한 거지가 되라는 말은 아니다. 인연 따라 자연스럽게 나에게로 온 것까지 억지로 다 버릴 필요는 없다. 그러나 자기 소유물들의 특성을 알 필요는 있다. 내 소유물들은 인연 따라 잠시 나를 스쳐갈 뿐이다. 우리는 그것을 잠시 보관하면서 인연 따라 쓸 뿐이다. 잠시 스쳐가는 것들을 스쳐가지 못하게 '나'라는 틀 속에 가두게 되면 나를 중심으로 우주적인 에너지는 정체되고 만다. 세상 모든 것들은 끊임없이 변화하면서 이 끝없는 우주를 여행하는 임무를 부여받았다. 그들의 목적은 끊임없는 여행에 있지 어느 한 곳에 정착하는데 있지 않다. 바로 그 사실을 깨달아야 한다. 사실은 '내 것'이 아니라 여행길 위에서 잠시 들른 간이역일 뿐이다. 그 어떤 것도 종착역으로써 나에게로 온 것은 없다. 내가 그렇게 믿고 싶을 뿐이지.

그러니 내 것을 다른 사람에게 보시했다 하더라도 사실은 보시가 아니라 그저 가야할 곳에 갔을 뿐인 것이다. 그것이 그것의 다음역이었던 것이지 '내가' '무엇을' '누구'에게 준 것이 아니다. '내가' '무엇을' '누구'에게 주고받았다는 그 생각이 바로 집착이다.

자식도 재산도 내 것이 아니다

어리석은 범부들은

나를 나라고만 보아 나에 집착한다.

그러나 필경에는 나도 없고 내 것도 없나니

나를 비우고 내 것이라는 생각도 비워야 한다.

법이란 생각을 일으키면 나와 법이 생기고,

법이란 생각이 사라지면 나와 법도 사라진다.

한 생각 일으키면 세계가 나뉘고 한 생각 놓으면 세계가 고요하다.

『빈비사라왕영불경』

'내 자식이다' '내 재산이다' 하면서

어리석은 사람은 괴로워한다.

사실 내 몸도 나의 것이 아닌데,

어찌 자식이나 재산이 나의 것일 수 있겠는가.

『법구경』

'내 자식이다' '내 재산이다' '내 생각이다' '내 것이다' 하는 것은 다 어리석은 생각이다. 나도 내가 아닌데, 내 몸도 이번 한 생 잠시 쓰고 나면 이 우주법계로 돌려주어야 하는데, 하물며 내 소유를 어찌 '내 것'이라고 할 수 있겠는가. 잠시 빌려 쓸 뿐이다. 내 몸도 우주 법계에서 잠시 빌어다 쓰는 것이고, 내 소유도 잠시 법계에서 빌어다 쓸 뿐이다. 그러니 집착할 것이 없다.

내 몸도 이 우주에서 품어 낸 온갖 음식을 잠시 빌려 유지하고 있을 뿐이고, 내 생각도 이 세상의 수많은 생각들을 인연 따라 잠시 채용하여 내식대로 조합해 쓰고 있을 뿐이며, 내 자식도 우주적인 법계의 인연과 업의 법칙에 따라 잠깐 부모의 몸을 빌어 나왔을 뿐이다. 세상 모든 것들이 이처럼 다른 모든 존재들에 의지하여 다만 잠시 그 모습을 취하고 있을 뿐이다.

세상 모든 존재는 우주의 것이며, 다른 모든 존재들의 것이다. 내가 곧 이 우주이며, 또한 나는 이 우주의 모든 존재들과 긴밀하게 연결되어 있다. 그러니 어찌 내가 누구를 가지고, 내가 무엇을 집착하고, 누가 무엇을 소유할 수 있겠는가. 온 우주는 전체가 전체에 의해 존재하며, 전체가 전체에 의해 소유되고 있는 것이다. 그런 신성한 우주적인 것에 '내 것'이라는 울타리를 치면서부터 우리는 우주로부터, 진리로부터 외면 받고 있다. '내 것'이란 울타리를 걷어내면 모든 것이 그대로 있을 곳에 있고, 제자리를 찾는다. 한 생각 일으켜 '내 것'을 만들면 세계가 나뉘어 시끄럽지만, 한 생각 놓아 '내 것'을 걷어내면 세계도 나도 나뉘지 않아 고요하다.

올 것은 오고 갈 것은 간다

옛것을 너무 좋아하지도 말고,

새것에 너무 매혹 당하지 말라.

사라져 가는 자에 대해 너무 슬퍼할 필요도 없고,

새롭게 다가와 유혹하는 자에게 사로잡혀서도 안 된다.

이것이 바로 탐욕이며, 거센 격류이며,

불안, 초조, 근심, 걱정이며,

건너기 어려운 저 욕망의 늪인 것이다.

『숫타니파타』

오는 사람 막지 않고, 가는 사람 붙잡지 않는다. 다만 인연 따라 물 흐르듯 그렇게 내버려 두고, 집착 없는 마음으로 모든 일을 행한다. 물질도 마찬가지. 오는 것을 애써 막을 것도 없고, 내게서 멀어지는 것을 애써 잡을 것도 없다. 경계 또한 그렇다. 오는 역경계라도 막을 것 없고, 가는 순경계라도 붙잡아 두려고 애쓸 것 없다.

익숙한 것이 떠나간다고 서글퍼하지도 말고, 새로운 것이 다가온다고 너무 매혹당할 것도 없다. 한 번 온 것은 때가 되면 갈 것이고, 또 갈 것이 가고 나면 올 것은 오게 되어 있다.

인연이 다 하면 갈 뿐, 가고 나면 또 다른 인연이 다가올 것이다. 인연이 아니라면 오지 않을 뿐, 그 인연이 오지 않더라도 또 다른 인연이 올 것이다. 뭘 어떻게 하려고 하는 마음만 다 놓아버리고 살면, 물 흐르듯 그냥 그냥 살면 오고 갈 것도 없고, 좋고 싫을 것도 없고, 맞고 틀릴 것도 없고, 성공도 실패도 없고, 바람도 성취도 없고, 다 좋을 뿐. 그냥 좋고 싫을 것도 없이 그냥 그냥 그러할 뿐. 여여하게 그러할 뿐이다.

올 것들은 정확히 오게 되어 있고, 갈 것들은 정확히 가게 되어 있다. 붙잡는다고 갈 것이 오는 것도 아니고, 등 떠민다고 올 것이 가는 것도 아니다. 모든 것을 인연에 맡기고 받아들이라. 자연스러운 삶의 흐름에 몸을 맡기라. 법계의 강에 온 존재를 내맡기고 흐름을 따라 다만 흐르라. 이 길로 가려고 애쓸 것도 없고, 저 길로 가지 않으려고 애쓸 것도 없다. 이미 지나 온 길을 거슬러 되돌아가려고 후회하지도 말고, 아직 오지 않은 길을 빨리 도착하려고 애쓸 것도 없이 다만 온 몸에 힘을 빼고 함께 따라 흘러라.

집착은 기쁨이자 근심

자녀가 있는 이는 자녀로 인해 기뻐하고,

소를 가진 이는 소로 인해 기뻐한다.

사람들은 집착으로 기쁨을 삼는다.

그러니 집착할 것이 없는 사람은 기뻐할 것도 없다.

자녀가 있는 이는 자녀로 인해 근심하고,

소를 가진 이는 소 때문에 걱정한다.

사람들이 집착하는 것은 마침내 근심이 된다.

집착할 것 없는 사람은 근심할 것도 없다.

『숫타니파타』

많은 사람들에게 소유가 기쁨이다. 집착하는 것을 얻었을 때 하늘을 날아갈 듯 기쁘다. 아마도 죽을 때까지 '내 것'이라는 소유를 늘리는 것이 모든 사람들의 공통된 삶의 과제일 것이다.

자녀가 있으면 자녀로 인해 기쁘고, 돈이 있으면 돈 때문에 기쁘고, 차가 있으면 차로 인해 기쁘다. 그러나 이 모든 소유에서 오는 기쁨은 영원하지 않으며 근원적이지 않다. 언젠가 소유물은 없어지고 만다. 소유한 것이 소멸되었을 때 그에 따른 괴로움이 동반된다. 그러나 소유하더라도 소유에 대한 집착이 없을 때 그때 참된 기쁨은 언제나 그 자리에 있다.

사람들이 집착하는 것이 우선 당장에는 달콤할지 모르지만, 그것은 마침내 근심이 되고 만다. 집착으로써, 소유로써 행복을 찾고자 한다면 그것은 그 이면에 행복의 크기만 한 불행의 씨앗을 키우고 있는 것에 불과하다. 자식이 있으면 자식 때문에 기쁘지만 또한 자식으로 인해 괴롭고, 돈이 있으면 돈 때문에 기쁘지만 돈 때문에 괴롭기도 하다. 모든 소유의 기쁨은 곧 괴로움으로 바뀐다. 이것은 영원한 진리이다.

세상의 모든 집착을 놓으라. 소유하고 있으면서도 그 소유물에 집착하지 말라. 집착 없이 소유한다면 세상을 다 소유해도 상관없다. 언젠가 소멸되었을 때 마음에 아무런 파장이 없을 것이기에. 집착이 없으면 근심도 없다.

화장실에 칠해진 단청 같다

욕심은 더럽기가 똥덩이 같고, 밑 빠진 그릇 같으며,

무섭기가 독사와 같고 원수와 같아 위험하며

햇볕에 녹는 눈처럼 허망하기 그지없다.

욕심은 예리한 칼날 위에 묻어있는 꿀과 같고,

화려한 화장실에 칠해진 단청과 같으며,

화려한 병에 담긴 추한 물건 같으며,

물거품처럼 허망하여 견고하지 못하다.

『증일아함경』

욕심같이 더럽고 추하며 허망하고 위험한 것은 없다. 그러나 욕심같이 겉포장이 잘 되어 있는 것도 없다. 욕심은 예리한 칼날 위에 묻어있는 꿀과 같아 잠시 달콤할지 모르지만 혀를 베는 결과를 낳고, 화장실에 칠해진 단청과 같아 겉만 화려하나 속은 더럽고 추하여 냄새가 난다. 그러나 세상 사람들은 욕심의 구린 냄새를 알지 못하고 화려하게 포장된 겉모습에만 빠져든다. 그것이 곧 내 혀를 베고, 내 몸을 베며, 내 존재의 뿌리를 잘라내리라는 사실은 애써 외면하고 있다. 욕심이 지금 당장에 아무리 큰 기쁨을 가져다 줄 지라도 그 끝은 추하며 고통스럽다. 당장의 기쁨을 위해 곧 다가올 삶을 포기하고 산다는 것은 얼마나 어리석은가.

욕심의 실체를 여실히 들여다보라. 욕심에 얽매여 있는 나의 모습을 한 발자국 뒤에서 전체적으로 지켜보라. 과연 나는 어떤 욕심에 빠져있는가. 똥덩이 같고, 밑 빠진 그릇 같으며, 독사와 같고 원수와 같으며, 물거품처럼 허망하여 견고하지 못한 욕심의 실체를 확연히 보아야 한다. 그러지 않으면 욕심의 덫에 걸리고 만다.

그렇다고 욕심을 없애버리려고 애쓸 필요는 없다. 욕망과의 전쟁을 선포하는 것은 욕망을 다루는 지혜로운 방법이 아니다. 욕망은 싸워서 이겨야 할 대상이 아니라, 그 전 과정을 깨어있는 관찰로써 온전히 이해해야 할 어떤 것이다. 욕망을 전체적으로 이해했을 때 그 이면에 잠재되어 있는 '혀를 베는 칼날'의 의미를 바로 볼 수 있다.

나에게는 어떤 욕심이 일어나고 머물다가 사라지고 있는가.

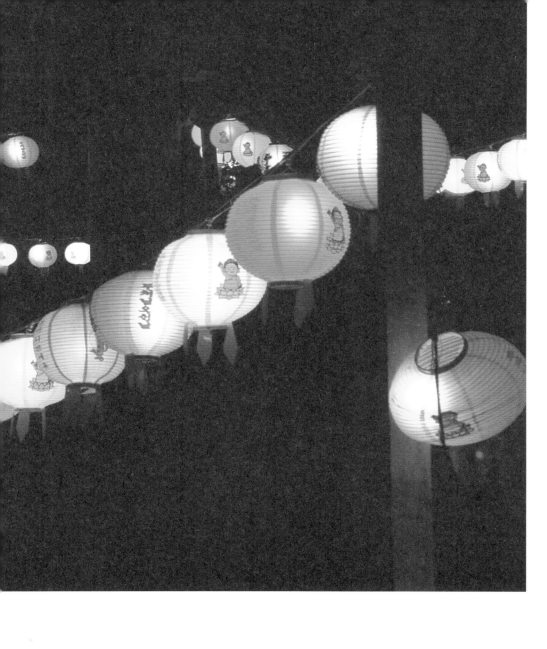

짐을 벗는 즐거움

마음이 탐욕을 벗어나지 못하기 때문에
중생들이 무거운 짐을 지게 된다.
탐욕으로부터 벗어나지 못하는 한
무거운 짐을 벗을 수는 없다.
짐을 지는 것은 세상 사람들의 병이요,
짐을 벗어버리는 것은 최상의 즐거움이니
무거운 짐을 버릴지언정 새 짐을 만들지 말라.
『증일아함경』

우리가 짊어지고 있는 가장 무거운 짐이 탐욕의 짐이다. 탐욕의 짐은 짊어지는 만큼 병이 되고, 벗어버리는 만큼 즐거움이 된다. 길을 걷는 나그네에게 짐이 많다면 그 길은 멀고도 험난하다. 인생의 길을 걷고 있는 우리들도 짐이 없어야 호젓하고 가벼운 여행을 즐길 수 있다. 지혜로운 이는 삶의 길 위에서 항상 무거운 짐을 버리고 버리며 살지만, 어리석은 이는 항상 새 짐을 만들고, 쌓고 또 쌓기에 여념이 없다.

태어나서 죽을 때까지 짐을 늘리려고 애쓰며 사는 것이 사람들의 모습이다. 가진 짐이 많으면 부유하고 행복하며 자랑스럽지만 가진 짐이 없을수록 부족하고 가난하며 부끄럽다고 여긴다. 그러나 참된 공덕은 짐이 없어 가벼운 삶에 있다. 인류의 모든 성인들은 공통적으로 가난하여 짐이 없었고, 그렇기에 삶이라는 여행길은 가볍고도 자유롭게 길을 걸을 수 있었다.

이 세상에서 보면 짐이 많은 사람이 부자이고, 짐이 없는 사람이 가난한 것 같지만, 이 세상을 떠날 때에는 짐이 많은 사람이 가난하고, 짐이 없을수록 부자가 되어 떠난다. 짊어진 짐이 없을수록 부처님 땅에 가까워지고, 짊어진 짐이 많을수록 저 깊은 지하 세계의 지옥과는 가까워진다. 짐이 없어야 홀가분하게 높이 높이 오를 수 있지, 짐이 많으면 가라앉고 또 가라앉아 저 지옥의 끝까지 가게 된다.

내 탐욕의 짐은 얼마인가. 이미 쌓아 놓은 짐과 쌓기 위해 발버둥치는 짐은 과연 얼마인가. 그 모든 짐을 내려놓고 홀가분하게 가라.

즐거움은 결국 고통이다

고통의 원인은 탐욕이다.

세상의 즐거움이란 결국 고통 아닌 것이 없다.

탐욕은 어리석은 사람이나 하는 것,

모든 고통과 근심은 바로 탐욕에서 생기는 것이다.

『화엄경』

온갖 괴로움의 원인은 바로 탐욕이다.

중생은 생각이 어리석어 탐욕을 즐거워한다.

그러나 지혜로운 사람은

탐욕이 바로 괴로움인 줄 알기 때문에 수시로 끊어버린다.

탐욕을 욕망으로 채우려고 한다면

그것은 마치 소금물을 마셔 더욱 갈증이 심해지는 것과 같다.

그러므로 탐욕을 없앤다면 괴로움은 저절로 없어질 것이다.

『성실론』

탐욕은 괴로움이다. 탐욕을 채우는 데에서 오는 즐거움 또한 결국 고통이 되고 만다. 탐욕을 채우려고 하면 할수록 더욱더 탐욕은 커진다. 만족은 잠시일 뿐 이윽고 또 다른 탐욕이 생겨난다. 우리의 삶을 가만히 살펴보면 죽을 때까지 오직 탐욕을 채우기에만 여념이 없지 않은가. 많은 이들이 탐욕을 채웠을 때 오는 잠시의 행복이 참된 행복인 줄 착각하고 산다. 탐욕을 채우기 위해 온갖 악행과 기만을 서슴지 않고 수단과 방법을 가리지 않고 탐욕을 채워나간다. 나의 탐욕을 채우기 위해 상대방을 짓누르고 밟고 일어서는 것은 당연한 일이 된다. 아니 당연한 정도가 아니라 능력 있고 훌륭한 사람으로 인정받는다.

그래서 슬프다. 이 세상도 슬프고, 탐욕에 물든 사람들도 슬프다. 탐욕이란 사람을 눈멀게 하고, 온전한 만족에서 멀어지게 하며, 영적인 성숙과 이별하게 만든다.

모든 괴로움의 원인은 탐욕이다. 탐욕이 없으면 괴로움도 없다. 그렇다고 탐욕을 끊기 위해 탐욕을 미워하고 증오할 필요는 없다. 탐욕에 대한 그 어떤 분별도 버려야 한다. 탐욕 그 자체는 좋거나 나쁜 어떤 실체적인 것이 아니라 다만 인연 따라 자연스럽게 생겨나는 중립적이고 비실체적인 것이다.

탐욕을 없애려고 애쓰지 말고, 좋아하거나 싫어하지도 말고, 어떻게 생겨나고 어떻게 머물렀다가 어떤 일들을 만들어내고 또 어떻게 사라지는가를 그냥 알아차리고 지켜보기만 하라. 그랬을 때 전체적인 탐욕에 대한 지혜가 생기고 지혜의 빛은 곧 탐욕을 사랑으로 불태운다.

좋은 것을 놓아버려라

마음에 좋고 나쁜 것을 따지지 말라.

좋은 것에서부터

슬픔이 생기고, 근심이 생기고, 속박이 생겨난다.

『법구경』

세상을 볼 때 우리는 거의 자동적으로 좋거나 싫다고 분별하곤 한다. 모든 사물이 좋거나 싫고, 모든 문제가 옳거나 그르다. 세상을 대할 때 우리는 왜 습관적으로 좋거나 싫은 어느 한 쪽을 택해야 하는 것일까. 왜 좋거나 싫다는 판단을 버리고 그저 그 현실을, 그 상황을, 그 사람을, 그 문제를 다만 묵묵히 지켜볼 수는 없는 것일까. 좋고 싫은 양극단은 둘 다 괴롭다. 좋다고 판단하면 집착이 생겨 괴롭고, 싫다고 판단하면 증오가 생겨 또한 괴롭다.

보통 사람들은 싫은 것이 올 때 분명하게 싫어하고, 멀어지려 하고, 증오하면서 싫은 것이 가까이 오지 못하도록 두 눈 부릅뜨고 지켜본다. 싫은 것은 죽어도 싫기 때문에 그것들이 범접하지 못하도록 주의 깊게 살펴보는 것이다. 그러나 좋은 것에 대해서는 전혀 주의를 기울이지 않는다. 좋은 것에 대해서는 완전히 무방비 상태. 사실 싫은 것 보다 더 주의를 기울이고 관심을 가져야 할 것이 바로 좋은 것이다. 경전의 말씀처럼 좋은 것에서 슬픔이 생기고, 근심이 생기며, 속박이 생겨나기 때문이다. 싫은 것에서 생기는 미움은 오히려 비워내기 쉽지만, 좋은 것에서 오는 애착과 근심과 속박은 우리를 꽁꽁 얽어맨다. 내가 좋아하는 것에 대한 애착과 집착이야말로 우리가 비워내고 또 비워내려 애를 써도 도무지 비워지지 않는 마지막 결박이다. 좋은 것이 내게 다가오는 그때를 주의 깊게 지켜보라. 사랑도, 소유도, 물질도, 돈도, 좋은 집도, 좋은 차도, 모든 좋은 것들이 내게 밀물처럼 밀려오는 바로 그 순간이 내 인생 최고의 위기이다. 주의 깊게 지켜봄으로써 그로인한 슬픔과 근심과 속박을 떨쳐버리라.

더러운 시궁창 같은 것

애욕은 착한 가르침을 태워버리는 불꽃과 같아서

모든 공덕을 없애버린다.

애욕은 늪과 같고, 꽁꽁 묶인 밧줄과 같고, 시퍼런 칼날과 같다.

애욕은 험한 가시덤불에 들어가는 것과 같고,

성난 독사를 건드리는 것과 같고, 더러운 시궁창과 같다.

『사분율』

애욕은 마치 횃불을 잡고서 바람을 거슬러 달리는 것과 같아서

반드시 손을 태울 염려가 있다.

어리석은 사람은 자기 자신을 애욕으로 얽어매어

피안으로 건너가지 못하게 한다.

애욕은 남도 해치고 자기 자신도 해친다.

『법구경』

욕망에 마음이 사로잡혀 애착하는 것을 애욕이라 한다. 애욕은 늪과 같고 꽁꽁 묶인 밧줄과 같아 빠져나오려고 발버둥치면 칠수록 오히려 더욱 얽어매고 더 깊게 빠져든다. 그것은 험한 가시덤불 같고, 성난 독사와 같으며, 더러운 시궁창과 같아 자신도 헤치고 남도 헤친다. 마음이 대상에 한번 사로잡히면 이처럼 헤어나기 어렵고, 자신의 정신을 빼앗아간다.

모든 좋아하고 애착하는 대상은 항상 하지 않고, 실체가 없으며, 괴로움을 가져온다는 것이 삼법인의 가르침이다. 사랑하는 사람도, 애착하는 소유물도, 따르는 종교며 사상일지라도 거기에 마음이 붙들려 사로잡히는 순간 괴로움은 시작된다. 애욕은 언제나 애욕 그 자체로 남지 언제까지고 충족되지 않는다. 애욕은 충족과 갈구로써는 다 채워지지 않고 비움(止)과 관찰(觀)만이 그 완전한 소멸을 돕는다.

순간순간 어떤 애욕에 결박당하여 있는지를 분명하게 인식하고 알아채라. 일어나는 애욕을 분명하게 볼 때 '애욕'은 있지만 '애욕에 물든 자'는 없다는 것을 알게 된다. 그리고 애욕에 물든 내가 사라지는 순간 애욕도 함께 사라진다.

내가 애욕에 빠지는 것이 아니라 다만 어떤 중립적인 현상이 일어나고 사라질 뿐이다. 그 현상을 애욕이라거나, 집착이라고 이름 짓지도 말고 다만 살펴보라. 내가 한다고 착각하여 사로잡히는 순간 애욕은 늪과 같고 칼날과 같고 더러운 시궁창과 같이 나를 사로잡아 꽁꽁 옭아매고 만다.

애욕에 사로잡히는 자가 되지 말고, 다만 지켜보는 자가 되라.

행하면서 동시에 버리라

보살은 모든 보살행을 갖추고 익히지만

거기에 집착하지 않는다.

진리에 집착하지 않고, 소망에 집착하지 않고

선정(禪定)에 집착하지 않는다.

적정(寂靜)에 집착하지 않고

깊은 진리의 세계에 들어가는 일에 집착하지 않고

중생을 교화하여 그 덕을 성취시키는 일에 집착하지 않는다.

『화엄경』

참으로 수행을 잘 하는 사람은 스스로 수행을 잘 하는 것을 모른다. 국자가 국 맛을 모르듯, 선정에 든 사람은 선정에 든 것을 잊으며, 적정에 든 사람은 적정에 든 것을 모른다. 스스로 수행을 잘 하고 있다는 상이 생기고, 깊은 선정에 들었다는 생각이 있으며, 스스로 깨달았다는 상이 생기면 거기에 집착이 생기고 집착이 생기면 모든 것은 다시 원점으로 돌아간다. 참된 수행자는 하되 함이 없이 행하는 이다. 응무소주 이생기심(應無所住 而生其心), 마땅히 머무는 바 없이 마음을 내는 것이야말로 이 공부의 핵심이다. 참된 진리는 그 진리 자체에도 집착하지 않고 참된 선정은 그 선정에 집착하지 않는다. 금강경은 불법 그 자체에도 집착하지 않았을 때 참된 불법이 드러남을 설하고 있다.

불법을 공부하면서도 불법 공부에 집착하지 않고, 몇 시간이고 며칠이고 참선에 들어 선정을 얻더라도 거기에 집착하지 않으며, 수많은 중생을 교화하여 포교했더라도 스스로 포교를 잘 했다는 상이 생기지 않았을 때 그것은 참이다. 자신의 수행력을, 포교력을, 많은 공부의 이력을 들추면서 자랑삼아 말하는 이들은 자신의 어리석음을 드러내고 있을 뿐이다.

삶을 살아가면서 수많은 선행을 하고, 보시를 하고, 수행을 하고, 좋은 일을 하지만 그 모든 것을 하고 나서는 반드시 잊어버려라. 놓아버려라. 놓아버리는 순간 그것은 보석처럼 빛나지만 드러내는 순간 그 빛은 사라지고 만다.

불교는 불교 그 자체에도 집착하지 않았을 때 참된 불교가 드러나는 것이다. 불교는 불교가 아니다. 그러므로 불교다.

연이어 화살을 맞지 말라

어리석은 범부나 지혜로운 사람이나

사물을 대하게 되면 좋다거나 나쁘다는 생각을 일으킨다.

그렇다면 이 두 사람의 차이는 무엇이겠는가?

범부들은 자기의 감정에 포로가 되어 집착하지만

지혜로운 사람은 감정을 갖더라도 그것의 포로가 되지는 않는다.

그래서 어리석은 사람은 두 번째의 화살을 맞는다고 말하고,

지혜로운 사람은 두 번째의 화살을 맞지 않는다고 말한다.

『잡아함경』

이를테면 누군가가 나를 미워하여 욕을 하고 시비를 걸어 올 때 그것은 첫 번째 화살을 맞는 것이다. 그러나 그 말 한마디에 휘둘리고 괴로워할 이유가 무엇인가. 어리석은 사람은 욕을 들음으로써 괴롭고, 연이어 그 괴로운 감정에 포로가 되어 오랫동안 그 욕 한마디에 집착하므로 또 한 번 괴롭다. 그러면서 온갖 화를 일으키고, 복수를 생각하거나, 똑같이 되갚아주려는 성냄을 일으킴으로써 몇 번이고 괴로운 화살을 연거푸 맞는다. 이것은 두 번째 화살 뿐 아니라 세 번째, 네 번째 화살을 연이어 맞는 격이다.

첫 번째 화살은 인연 따라 생겨나는 어쩔 수 없는 현실이라면 두 번째 화살부터는 내가 그 현실에 대한 좋고 나쁘다는 판단 분별을 일으키면서 생겨나는 것이다. 즉, 두 번째 화살부터는 내가 만들어낸 것이니, 무엇 때문에 내 스스로 고통을 만들어 내 스스로 만든 고통에 빠져 괴로워해야 하는가. 누군가가 나에게 돈을 빌려 형편상 갚지 못한다면 그것은 어쩔 수 없는 첫 번째 화살을 맞는 것이지만, 그로인해 그를 원망하고, 욕하면서 괴로워한다면 그것은 두 번째, 세 번째 화살을 연거푸 맞는 것이다. 사랑하는 사람이 나를 버리고 다른 사람에게 갔더라도 그것은 첫 번째 화살을 맞은 것이다. 이미 마음이 떠나 어쩔 수 없는 현실이라면 애써 증오하거나, 복수하려 하거나, 잊지 못하면서 두 번째, 세 번째 화살을 맞을 필요는 없지 않은가.

생각과 분별은 첫 번째 화살에 이은 두 번째, 세 번째 화살을 만들어내는 창조자이니 생각과 분별을 관하고 비워라. 지켜봄과 관 수행이야말로 빗발치는 화살을 막는 유일한 방패가 될 수 있다.

반드시 버려야 할 세 가지

내 것이라고 집착하는 마음이
갖가지 괴로움을 일으키는 근본이 된다.
온갖 것에 대해 취하려는 생각을 하지 않으면
훗날 마음이 편안하여 마침내 근심이 없어진다.
『화엄경』

자기 마음에 드는 것에 집착하지 않아야 할 것이니
이것은 탐심을 끊어버리기 위함이다.
자기 마음에 거슬리는 것에 성내지 않아야 할 것이니
이것은 진심을 없애기 위함이다.
어리석은 말에 집착하지 않아야 할 것이니
이것은 치심을 끊기 위함이다.
수행은 집착하지 않고 동요하지 않는 지혜의 연마이다.
『잡아함경』

48

인간이 가지고 있는 세 가지 독이 탐내고, 성내고, 어리석은 것이다.

이 같은 탐진치(貪瞋痴)의 뿌리는 한마디로 아상(我相), 아집(我執)에 있다. '나'라는 상에 집착하기 때문에 '내 것이다'라는 소유욕이 일어나고, 나의 소유물이 없으면 곧 나도 없다는 착각을 일으키는 것이다. 이처럼 내가 마음에 드는 것을 내 것으로 만들려는 집착과 소유욕을 버리는 것이 탐심의 뿌리를 뽑는 첫 번째 수행이다.

두 번째로 '내가 옳다'는 생각에 집착하므로 내 생각과 어긋나는 생각을 가진 사람에게는 화를 내게 된다. 내가 옳다는 것은 너는 틀리다는 것인데, 이것이야말로 모든 다툼과 성냄의 씨앗이다. 사실 그 어떤 생각도 전적으로 옳거나 그를 수 없다. 다만 서로 다를 뿐이지 옳고 그른 것이 아니다. 마음에 거슬리는 것이 있더라도 그것이 내 생각과 다르다고 화를 낼 것이 아니라, 받아들여주는 것 이것이 진심의 뿌리를 뽑는 두 번째 수행이다.

그리고 셋째로 이 모든 뿌리에 있는 생각인 '내가 있다'고 하는 착각이 바로 어리석음 곧 치심이다. 나는 실체적인 것이 아니라 인연 따라 생겨난 비실체적이고 연기적인 존재임을 바로 알고 나에게 집착하지 않는 것이 치심의 뿌리를 뽑는 세 번째 수행이다.

수행이란 이렇듯 '나'에 집착하지 않고 동요하지 않는 지혜를 연마하여 탐진치 삼독심에서 완전히 벗어나는 일이다.

세상 속에서 세상을 초월하라

온갖 생각을 끊되 무기력에 빠지지 말고,

욕심 속에 살되 욕심을 초월하며,

티끌 같은 세상에 살되 티끌 세상을 뛰어넘어야 한다.

역경에도 끄달리지 말고 순경에도 끄달리지 말라.

그리고 만물에 끝없는 자비를 주어라.

차별 있는 환경에서 차별 없는 고요함을 얻어라.

차별 없는 고요함에서 다시 차별 있는 지혜를 보여라.

『아함경』

세상 속에 살면서 세상을 뛰어넘어야 한다. 일도 하지 말고, 돈도 벌지 말고 오직 수행의 길만을 가라는 것이 아니다. 할 것 다 하면서도 세속을 뛰어넘을 수 있어야 한다. 돈을 벌되 돈에 집착하지 않고, 생각을 하되 그 생각에 얽매이지 않으며, 일을 하되 함이 없이 하는 것, 그것이 세상 속에서 세상을 뛰어넘는 길이다.

불교는 세속적인 삶을 거부하거나, 소유를 부정하거나, 집착을 증오하는 종교가 아니다. 다만 그 실체를 여실히 바라보도록 이끌 뿐. 집착을 나쁜 것이라고 규정하면서 증오할 필요는 없다. 집착에 대한 혐오는 오히려 사람들에게 죄의식만을 심어줄 뿐이다. 집착도, 소유도, 욕심도 아주 자연스러운 현상이다. 재물이나 돈이나 아름다운 여인을 보고 아무런 감정도, 아무런 욕심도 일어나지 않기를 바라는 것은 돌처럼 되라는 말과 다르지 않다. 모든 것에 초연하게 무감각해 지라는 것이 아니라 그 모든 것들을 인정하고 두 눈 똑똑히 뜨고 깨어있는 정신으로 지켜보라는 것이다. 어둠은 빛을 비추면 사라지듯 집착도, 소유도, 무명도 차별 없는 사랑의 빛으로 관조했을 때 눈 녹듯 사라지고 만다.

좋고 싫은 것에도 끄달리지 말고, 옳고 그른 것에도 집착하지 말고, 역경과 순경 그 어디에도 집착하는 바 없이 살되, 다만 일체 모든 만물에 끝없는 자비의 비춤을 행하라. 좋고 싫은 것, 역경과 순경이라는 차별 있는 세상 속에서 살면서도 그러한 차별을 버리고 자비를 행하면 고요함을 얻는다. 그러한 고요함 속에서 차별 있는 지혜가 다시금 움튼다.

있어서 걱정 없어서 걱정

세상 사람들은 재물 때문에 잠시도 편히 쉴 때가 없다.

논밭이 있으면 땅 걱정, 농사 걱정,

집이 있으면 가축 걱정, 의식 걱정, 돈 걱정, 집 걱정 등

소유하면 소유로 인해 걱정거리가 끊이지 않는다.

이렇듯 부자라고 하더라도 근심 걱정이 끊이지 않는다.

또한 빈궁하고 못난 사람들도 늘 가난에 찌들려 걱정한다.

논밭이 없으면 땅이 있었으면 하고 걱정하고,

집이 없으면 집이 있었으면 하고 걱정하고,

가축이나 재물, 노비가 없으면 그것이 있었으면 하고 걱정한다.

이렇듯 하나가 있으면 다른 하나가 결여되고,

이것이 있으면 저것이 결여하여,

이같이 살아가므로 깨달음에 이르지 못하고

온갖 재물과 욕망만을 탐하고 있다.

『아미타경』

있으면 있기 때문에 괴롭고, 없으면 없기 때문에 괴롭다. 그러나 있고 없음의 집착을 놓으면 있으면 있어서 즐겁고, 없으면 없어서 즐겁다. 어리석은 이는 집이 있으면 집 때문에 괴롭고, 자식이 있으면 자식 때문에 괴로우며, 돈이 있으면 돈 때문에 괴롭지만, 지혜로운 이는 집이 있으면 집이 있어서 좋고, 집이 없으면 집이 없어서 좋으며, 자식이 있으면 자식이 있어 좋고, 자식이 없으면 없어서 좋다. 이 세상 그 어떤 일도 좋고 나쁜 양면은 있게 마련이다. 문제는 어느 쪽을 보느냐에 달려 있다.

불교는 무조건 무소유에만 치우친다거나, 돈도 버리고, 집도 버리고, 자식도 버릴 것만을 주장하는 것은 아니다. 돈이 있고, 집이 있고, 자식이 있고, 소유한 바가 있다면 그것도 좋다. 다만 거기에 집착해 그로인한 번뇌에 시달리며, 쓸 때 쓸 줄 모르고, 나눌 때 나눌 줄 모르는 어리석음을 경계하는 것이다. 소유하고 있지만 그 소유에 집착하면 그로인한 온갖 괴로움이 뒤따르고, 소유하되 거기에 집착하지 않으면 그 소유에 온갖 지혜와 복덕이 깃든다. 불교는 있다면 있어서 좋고 없으면 없어서 좋을 수 있는, 어느 쪽이라도 자족으로써 받아들이도록 이끄는 가르침이다. 그러나 너무 있음에만 치우치는 사람들의 마음에 없음이라는 미덕, 공(空)과 무(無)의 지혜를 심어주기 위해 무소유를 가르치는 것일 뿐이다.

사고가 부정적인 사람은 늘 나쁜 것만 보기 때문에 항상 괴롭지만, 긍정적이며 밝은 사람은 좋은 면만 보기 때문에 항상 즐겁다. 그 어떤 상황도 거기에는 장점이 있고, 우리에게 도움되는 면이 있다. 바로 그 점을 보라.

희망이 없는 즐거움

자기 마음대로 되는 것이 즐거움이요

욕심을 채우는 것이 즐거움이라고 말하지만

세상은 자기 뜻대로만 되는 것이 아니니

진정한 즐거움은 마음에 바람이 없는 것이다.

무엇인가를 구하고 바라는 것이 있으면 바로 괴로움이다.

마음 속에 바라고 원하는 것을 다 놓아버리면

세상의 즐거운 마음 가운데 제일이다.

『별역잡아함경』

세상에는 두 가지 즐거움이 있다. 하나는 바람의 성취에서 오는 즐거움이고, 다른 하나는 바람 그 자체를 놓아버리는 데서 오는 즐거움이다. 바람의 성취에서 오는 즐거움은 영원하지 않으며, 더욱이 이 세상에서 우리의 바람을 다 들어줄 수 있는 사람은 어디에도 없다.

무언가 바라는 것이 있다면 그것은 괴로움이다. 바람이란 지금 여기의 문제가 아닌 미래의 문제이다. 바라는 바가 있다는 말은 지금은 불완전하며 불만족스럽고, 바람이 성취된 미래의 어느 순간을 좇는다는 뜻을 내포하고 있다. 언젠가 성취해야 할 것이 있을 때 지금 이 순간은 그다지 소중하지 않다. 지금 이 순간을 놓치면 삶 전체를 놓치는 것이다. 우리가 살 수 있는 때는 오직 '지금 이 순간' 밖에 없다.

마음에 바라는 바가 없다면 지금 이 자리에서의 만족만이 있다. 바람이 없다면 성취할 것이 없기 때문에 지금 이 자리에서 행복하다. 바람의 성취에서 오는 즐거움을 구하지 말고, 바람 그 자체를 놓아버렸을 때 오는 즐거움을 찾으라.

세상에서는 바람과 꿈과 희망을 높이 품고 목표의식을 분명히 가지라고 말한다. 그러나 부처님의 가르침은 세상과 거꾸로 가는 가르침이라 했다. 이 가르침은 미래보다는 현재에 집중하도록 이끈다. 매 순간순간이 목적지이며, 삶의 모든 순간이 내 바람이 성취된 순간이다. '지금 여기'라는 생생하게 살아 꿈틀대는 현재를 투명하고 완전하게 살아가는 것이야 말로 희망이 현실이 되고, 꿈과 바람이 지금 이 자리에서 100% 실현되는 순간인 것이다.

맨땅에 누워도 행복하라

모든 고뇌를 벗어나고자 한다면 마땅히 만족할 줄 알라.

넉넉함을 알면 부유하고 즐거우며 평화롭다.

그런 사람은 비록 맨땅에 누워 있을지라도 편안하고 즐겁지만,

만족할 줄 모르면 설사 천상에 있을지라도 흡족하지 않을 것이다.

『아함경』

세상에는 자기의 욕심에 만족하는 사람은 아주 적고

욕심을 벗어나려고 애쓰는 사람도 흔하지 않다.

그저 욕심을 채우려고 애쓰다가 목숨을 마치는 사람이 많다.

설사 하늘에서 보물이 비처럼 쏟아지더라도

욕심 많은 사람은 만족할 줄 모른다.

자기 집 창고에 황금이 태산처럼 쌓였다 한들

욕심 많은 사람이 그것으로 만족할 수 있을까?

『사주경』

욕심을 버리는 가장 좋은 방법이 만족이다. 죽지 않을 만큼 먹을 수 있고, 입을 수 있고, 잘 곳이 있다면, 최소한의 소유를 가지고 있다면 누구든 바로 그 자리에서 행복할 수 있다. 사실 최소한의 소유만 보장이 된다면 누구에게나 행복의 가능성은 열려있다. 최소한의 의식주의 해결, 그 이상을 가지고도 불행한 사람이 있다면 그의 불행은 물질의 문제가 아니라 마음의 문제다. 사실 의식주를 어느 정도 해결하고 사는 우리들이 이 세상에서 해야 할 몫은 보다 많이 벌고 쌓는데 있는 것이 아니라 그마저도 소유하지 못한 수많은 이들을 위한 나눔과 자비를 실천하는데 있다.

그러나 이 세상에는 죽을 때까지 욕심을 채우고 채우고 또 채우기만 하는 사람이 얼마나 많은가. 그런 사람은 설사 하늘에서 보물을 비로 뿌려 주더라도, 창고에 황금이 태산처럼 쌓였다고 하더라도 끊임없이 또 다른 욕심을 채우면서 죽어 갈 것이다. 지금 이 자리에서 당장에 이런 욕심충족의 삶을 끝장내고 만족과 청빈의 삶으로 돌아서지 않는다면 우리의 남은 생은 더욱 비참해지고 말 것이다.

참된 부자는 욕심을 많이 성취한 사람이 아니라 욕심을 많이 놓아버린 사람이며, 소유가 많은 사람이 아니라 만족이 많은 사람이다. 만족할 줄 모르면 설사 이 세상 모든 것을 다 준다 하더라도 흡족하지 않지만, 만족할 줄 아는 사람은 아무리 가난해도 사실은 부유하다. 만족함을 아는 것, 지족이야말로 행복의 지름길이요, 인류를 살아 온 모든 성인들의 어진 벗이다.

업
業

괴로울 때 삶을 포기하지도 말라. 기왕 이렇게 된 것 악행을 일삼고 스스로를 더욱 괴
롭혀서는 안 된다. 불행하다는 것, 괴롭다는 것은 오히려 과거의 죄업을 받고 있는 것
이니 사실은 불행한 때가 업장을 녹이는 소중한 순간임을 알아야 한다.

좋은 일에 게으른 것도 나쁜 일이다

나쁜 짓을 멀리하고 선행을 쌓아라.

좋을 일을 하는데 게으르면

마음은 저절로 나쁜 짓을 즐기게 된다.

혹시라도 나쁜 짓을 했다면

그것을 되풀이하지 않도록 노력하라.

악이 쌓이는 것은 괴로움을 남기게 되고,

좋은 일이 쌓이는 것은 즐거움을 남기게 될 것이다.

『소부경전』

보통 사람들은 나쁜 일 하는 사람도 얼마나 많은데 그래도 나는 나쁜 일은 하지 않으니 다행이라고 자위하곤 한다. 그러나 좋은 일에 게으른 것도 나쁜 일이다. 좋은 일을 하는데 게으르면 마음은 저절로 나쁜 짓을 즐기게 되기 때문이다. 나쁜 일을 하지 않음으로써 삶을 살지 말고, 좋은 일을 애써 행하는 것으로써 삶을 살아가야 한다.

선(善)은 때가 되었을 때 행하는 것이 아니다. 많이 벌고, 많이 모아 놓은 후에 그때가서 크게 베푸는 것이 아니다. 천원이 있는 자 백원을 베풀고, 만원이 있는 자 천원을 베풀면 되는 것이지, 훗날 몇 백만 원, 몇 천만 원, 몇 억을 벌어 그때가서 크게 베풀겠다고 한다면 그것은 거짓이고 말에 불과하다. 천원이 있을 때 베풀지 못하면 수천억이 있어도 베풀 수 없다.

선이란 그것이 아무리 작더라도 지금 이 자리에서 저질러 행하는 것이다. 선에는 과거나 미래가 없다. 과거에 이미 베풀었던 선에 매이거나, 미래에 앞으로 베풀면 되겠지 하는 생각은 선이 아니다. '지금 여기'에서 실천되어지지 않은 선은 선이 아닌 악의 씨앗이다. 지금 여기에서 선을 베풀지 않으면 마음은 저절로 악을 즐기기 때문이다. 선을 저질러 실천하지 않는 마음은 악을 연습하는 마음과 다르지 않다. 선에 게으른 것, 그것이 바로 악이기 때문이다. 지금 여기에서 바로 행하지 않으면 마음은 저절로 악을 즐기게 된다.

지금 이 자리에서 내가 행할 수 있는 선은 무엇인가. 거창하고 대단해야 하는 것이 아니다. 다만 내가 행할 수 있는 작고 소박한 선, 바로 그것이 온 우주가 나에게 기대를 걸고 있는 것이다.

내게는 업보가 오지 않는다고?

'내게는 업보가 닥치지 않으리라'고
작은 악을 가볍게 여기지 말라.
방울물이 고여서 항아리를 채우나니
작은 악이 쌓여서 큰 죄악이 된다.
'내게는 업보가 오지 않으리라'고
작은 선을 가볍게 여기지 말라
방울물이 고여서 항아리를 채우나니
조금씩 쌓은 선이 큰 선을 이룬다.
『법구경』

아무리 작은 악업을 짓더라도 그 업보는 한 치의 오차도 없이 나를 불태운다. 작은 악업의 결과가 미미하거나 눈에 보이지 않다보니 당장에는 비켜갔으리라고 안심할지 모르지만 방울물이 모여 항아리를 채우는 듯 그러한 작은 악이 모여 언젠가는 분명한 큰 재앙으로 온다. 아무리 작은 업이라도 언젠가는 분명한 결과를 받는 법.

지금 몸이 건강하다고, 지금 경제적으로 안정되어 있다고, 지금 집 안이 화목하다고, 지금 나의 행복이 충분하다고 현재에 안주하여 작은 선을 실천하지 않는다면 훗날 내 삶에 어떤 일이 일어날 지 누가 알겠는가. 막상 역경과 고통에 처했을 때 대비하려면 이미 늦다. 행복할 때, 만족스러울 때를 더욱 조심하여 이 행복이 언젠가 소멸될 것을 알아 더 많은 복을 지을 일이다. 행복하다는 것은 복을 받고 있다는 것을 뜻하니 복을 다 받고 나면 복의 창고는 곧 비고 말 것이다. 그러니 지혜로운 이는 행복할 때를 더욱 조심한다.

그렇다고 괴로울 때 삶을 포기하지도 말라. 기왕 이렇게 된 것 악행을 일삼고 스스로를 더욱 괴롭혀서는 안 된다. 불행하다는 것, 괴롭다는 것은 오히려 과거의 죄업을 받고 있는 것이니 사실은 불행한 때가 업장을 녹이는 소중한 순간임을 알아야 한다. 이와 같이 지혜로운 이는 행복한 때가 오히려 위기이고, 불행할 때가 오히려 기회가 될 수 있다는 인과를 깨달아, 순경에 거만하지도 역경에 좌절하지도 않으며 언제나 조화로운 중도를 지킴으로써 마음의 평화를 지켜나간다.

악업은 없앨 수 있는가

허공 중에서도 바다 가운데서도
또는 산 속 동굴에 들어갈지라도
악업의 갚음에서 벗어날
그런 장소는 어디에도 없다.
『법구경』

몸으로 말로 생각으로 지은 악업은 반드시 그 결과를 받고야 만다. 악업을 짓고 선업을 다시 지었다고 악업이 상쇄되는 것이 아니다. 한번 지은 악업은 반드시 그 결과를 받고 나서야 사라진다. 악업의 결과에서 벗어날 곳은 이 세상 그 어디에도 없다.

그렇다면 왜 불교에서는 수행을 통한 업장소멸을 설파하는 것일까. 언뜻 보기에 이 게송과 업장소멸은 어긋나는 것처럼 보인다. 이에 대해 부처님께서는 소금물의 비유를 설하고 계신다. 한 움큼의 소금을 한 잔의 물 속에 넣으면 그 물은 짜서 마실 수 없게 되지만, 그것을 큰 그릇에 넣으면 마실 수 있는 물이 된다. 잔속에 넣은 소금의 양과 큰 그릇 속에 넣은 소금의 양은 동일하지만, 물의 양에 따라 마실 수 있는 물이 되기도 하고, 마시기 힘들만큼 짠 물이 될 수도 있는 것이다. 이처럼 과거에 악업을 지어 놓았다고 하더라도 그 업을 기계론적이나 결정론적으로 반드시 나쁘게 받아야만 하는 것은 아닐 수도 있다. 즉, 악업을 지었더라도 그 뒤에 선업을 많이 짓거나, 수행을 통해 마음을 닦아 죄가 본래 공함을 깨닫게 되면 악업에 대한 과보를 나쁘지 않게 받을 수도 있다. 즉, 과거에 어떤 업을 지었느냐가 내 삶을 좌지우지 하는 가장 중요한 요소가 아니라, 오직 지금 이 순간 내 의지에 따라 자신의 삶과 운명을 자신 스스로 변화시키고 개척할 수 있다.

업보(業報)의 '보'는 '다르게 익는다'는 의미다. 업에 따라 결정론적으로 보를 받는 것이 아니라, 사람에 따라 다르게 받는 것이다. 그러므로 중요한 것은 과거에 지은 업이 아니라 '지금 이 순간'의 생생한 내 삶의 모습에 있다.

착한 사람이 못 사는 시대?

악의 열매가 맺기까지는

악한 자도 행복의 맛을 볼 수 있다.

그러나 악행의 열매가 익게 되면

악한 자는 결정코 불행을 피할 수 없다.

선의 열매가 맺기까지는

선한 자도 불행을 맛볼 수 있다.

그러나 선행의 열매가 맺었을 때

선한 자는 결정코 지고한 행복을 맛본다.

『법구경』

요즘에는 오히려 착한 사람이 살기 어렵다는 말을 많이 듣는다. 아무리 착하게 살아도 못 사는 사람은 계속 못 살고, 오히려 얄팍하게 머리를 굴리고 이기적으로 사는 사람이 더 잘 사는 세상이라고 한탄한다. 그러나 진리는 그렇지 않다. 다만 아직 선의 씨앗이 무르익지 않았을 뿐이고 악의 씨앗이 무르익지 않았을 뿐이다.

당장에는 악한 사람도 무사할 수 있고, 선한 사람도 여건이 좋지 않을 수 있다. 지금 당장 무사하다고 그것이 무사한 것이 아니고, 지금 당장 힘들다고 그것이 다가 아니다. 씨앗을 심고 나도 바로 열매를 맺는 것이 아니라 흙이며 바람이며 햇살이며 물이며 사람의 손길에 이르기까지 수많은 인연이 무르익어야 비로소 열매를 맺듯, 우리들 업의 씨앗도 마찬가지다. 이번 생에 과보를 받지 않는다고 사라지는 것이 아니다. 내년, 후년이든, 10년 후든, 다음 생이든 내가 한 행위에 대해서는 반드시 내가 책임을 져야한다.

한 번 두 번 악행을 했는데 별일이 없다고 계속 악행을 해도 된다고 여기지는 않았는가. 너무 착하게 살면 세상 살기 어렵고, 오히려 적당히 못되게 살고 적당히 이기적으로 살고 내 이익도 챙기고 해야 요즘 같은 세상은 잘 살 수 있다고 여기지는 않았는가. 어리석은 사람아!

지금 당장 선한 결과가 없더라도 선한 행위를 해야 하고, 당장 악한 결과가 없더라도 악한 행위는 하지 말아야 한다. 해야 할 것은 반드시 해야 하고, 하지 말아야 할 것은 반드시 하지 말아야 한다. 이것이 가장 쉽지만 가장 온전한 진리의 실천이다.

천한 사람 귀한 사람의 기준

태어나면서부터 천한 사람이 되는 것이 아니며,

태어나면서부터 귀한 사람이 되는 것도 아니다.

그 사람의 행위에 의해서

천한 사람도 되고 귀한 사람도 되는 것이다.

『숫타니파타』

왕족이나 바라문으로 태어났다고 귀한 사람이고, 천민으로 태어났다고 천한 사람이 아니다. 사람은 태생에 의해서 귀하고 천해지는 것이 아니라, 그 행위에 의해서 천하고 귀하게 된다. 스님이 되었다고, 목사님, 신부님이 되었다고 귀해지는 것이 아니고, 행위에 의해서 그렇게 된다. 돈이 없다고, 지위가 낮다고 천한 사람이 되는 것이 아니고, 행위에 의해서 그렇게 된다. 아무리 높은 지위에 있고 심지어 성직에 있더라도 그 사람의 행동이 천하다면 그 사람은 천민이 되지만, 아무리 낮은 지위의 사람이라도 그 행동이 귀하다면 그 사람은 성직에 있는 것이다. 머리 깎고 먹물 옷만 입었다고 수행자가 아니라 수행자다운 여법한 행위에 수행자의 정신은 깃든다.

어떤 종교를 믿고 신앙하느냐에 따라 천당을 가고 지옥을 가는 것이 아니고 그 행위에 의해서 가는 것이다. 불교를 믿지 않더라도 그 행위가 올바르면 좋은 곳에 가서 나지만, 불교를 아무리 진지하게 믿고 기도하더라도 그 행위가 올바르지 않으면 바른 곳에 갈 수 없다. 하느님을 믿고 믿지 않고에 따라 지옥과 천당을 오고 가는 것이 아니라, 그 사람의 행위에 따라 오고 간다. '예수천당 불신지옥'이 아니라 '선행천당 악행지옥'이다. 천당과 지옥에 종교의 차별은 없다. 천당과 지옥의 종교는 오직 하나, 진리라는 종교 밖에 없다.

가장 중요한 것은 그 사람의 행위이지, 태생이나 지위나 경제력이나 종교에 있지 않다. 어떠한가. 과연 나는 몸과 말과 뜻으로 천상의 행위를 짓고 있는가, 지옥의 행위를 짓고 있는가.

대신 기도해 줄 수 없다

혹 사람들이 말하기를

"아들이 착한 법을 닦으면 아버지가 착하지 않은 짓을 하여도

아들로 인하여 그 아버지도 나쁜 세상에 떨어지지 않는다."

고 하는데 이는 그렇지 않다.

왜냐하면 몸과 말과 뜻으로 지은 업이 각기 다르기 때문이다.

『우바새계경』

누구도 대신 닦아줄 수 없다. 누구도 나의 업을 대신 녹여줄 수는 없다. 내가 지은 업은 내가 받아야 하고, 자식이 지은 업은 자식이 받아야 한다. 내 수행은 내 스스로 해야 하고, 남편의 수행은 남편 스스로가 해야 하는 것이다.

수능시험이 다가오면 어머님이 자식을 대신 해 기도하고, 진급철이 다가오면 아내가 남편을 대신해 기도하지만, 본질적으로 본다면 대신 기도해준다고 해서 그 기도가 자식에게, 남편에게 고스란히 전달될 수는 없다. 다만 기도를 하면 본인의 마음이 진급이나, 합격에 대한 집착을 여읠 수 있게 되고, 그런 마음으로 남편이나 자식을 대하면 부담을 주지 않으며 그랬을 때 그 가족은 온갖 역경 속에서도 중심을 잡고 고요함을 지켜낼 수 있다. 가족들의 마음이 평화로우면 시험이나 진급의 결과에 휘둘리지 않을 수 있게 되고 자기중심을 잡게 된다.

진급기도나 시험기도의 목적은 이와 같이 그 경계에 휘둘리지 않을 수 있는 평화로운 수행력을 키우는 것이지 그 목적을 이루는 것에 있지 않다. 시험과 진급의 결과가 인생의 성공과 실패를 의미하는 것은 아니다. 그것은 다만 평등한 두 갈래 길 중 한 길인 것이지, 성공과 실패의 길 중 어느 하나인 것은 아니다. 어느 길이든 부처님 진리가 깃든 내 삶의 길이요 몫이라는 것을 기도 수행을 통해 온전히 받아들이고 여여하고 당당한 내 길을 가는 것이 중요하다.

대신 해 줄 것을 기대하지 말고 스스로 기도하고, 스스로 닦아라.

나의 행위가 곧 나다

이름은 임시로 부르기 위한 것에 지나지 않지만,

이것을 모르는 사람은 선입견을 가지고 말한다.

"태생에 의해서 바라문이 된다"고.

그러나 태생에 의해 바라문이 되는 것은 아니다.

태생에 의해 바라문이 안 되는 것도 아니다.

행위로 인해 바라문이 되기도 하고,

행위로 인해 바라문이 안 되기도 하는 것이다.

행위에 의해 농부가 되고, 행위에 의해 기술자가 되며,

행위에 의해 상인이 되고, 또한 행위에 의해 고용인이 된다.

행위에 의해 도둑이 되고, 행위에 의해 무사가 되며,

행위에 의해 신하가 되고, 행위에 의해 왕이 된다.

현자는 이와 같이 행위를 있는 그대로 본다.

세상은 행위에 의해 존재하며, 사람들도 행위에 의해서 존재한다.

수레바퀴가 축에 매여있듯 세상 모든 것은 행위에 매여있다.

『숫타니파타』

옛날 인도에서는 태어나면서부터 수직적인 사성계급이 나뉘어 있었다. 성직자 계층인 바라문, 왕족인 크샤트리아, 평민인 바이샤, 노예인 수드라. 이들에게는 태생이 바라문이고, 태생이 왕족이며, 태생이 천민이기도 했다. 그러나 부처님께서는 이 모든 것은 태생을 따르지 않고 그 사람의 행위를 따른다고 말씀하신다. 행위에 의해 왕도 되고, 행위에 의해 신하가 되며, 행위에 의해 도둑이 되는 것이지 태생이나, 그 이름은 아무 소용이 없는 것이다. 국회의원이고, 사장이고, 회장이고, 수행자고 그 이름이 중요한 것이 아니라 그 행위가 중요한 것이다. 행위에 의해 되는 것이지 그 이름이나 태생, 계급, 지위, 경제력, 집이나 차가 그를 만드는 것이 아니다. 행위란 말과 생각과 행동의 세 가지 행위를 의미한다. 말과 생각과 행동이 어떤 행위를 하고 있는가. 그것이 바로 나이지, 다른 어떤 것이 내가 아니다.

그렇다면 어떤 행위를 해야 하는가. 첫째는 선행을 해야 한다. 몸으로 살생, 도둑질, 사음을 하지 말고, 입으로 망어, 악구, 양설, 기어를 하지 않으며, 뜻으로 탐내고 성내고 어리석은 생각의 행위를 하지 말아야 한다. 그러나 이러한 선행을 뛰어넘어 깨달음을 구하고자 하는 수행자라면 선악을 초월하고, 업을 뛰어넘는 '함이 없는 행위'를 해야 한다. 해도 한 바가 없는 행위는 바로 집착 없이 행하는 것이며, 머무는 바 없이 행하는 것을 말한다. 그러면 어떻게 해야 행위에 집착이 없을 수 있는가. 몸과 말과 뜻의 모든 행위를 낱낱이 지켜보고 알아챌 수 있어야 한다. 모든 행위에 지켜봄이 깃들 때 그 행위는 순수해진다.

마음 心

선한 한 생각이 곧 천상이고, 악한 한 생각이 곧 지옥이니 우리가 매일같이 일상에서 일으키는 한 생각 한 생각 속에 천상과 지옥이 만들어지고 없어지는 것이다. 지금 이 순간 내가 만드는 바로 그 곳이 내가 죽은 뒤에 가야 할 곳이다.

그림을 그리듯 삶을 그린다

마음은

그림을 잘 그리는 능숙한 화가와 같아서

그림을 그리듯이 갖가지 세상만사를 만들어 낸다.

『화엄경』

온갖 현상의 발생은

오직 마음의 나타남일 뿐이니,

온갖 인과(因果)와 세계의 모습이

다 마음으로 말미암아 이루어진다.

『능엄경』

마음에서 그리는 것은 언젠가는 이 세상이라는 종이 위에 고스란히 그려지게 된다. 그것이 마음의 법칙이다. 심지어 한두 번 스치며 지나가는 생각을 했더라도 그것은 일정부분 우리 삶에 영향을 미친다. 하물며 반복적이거나 지속적인 어떤 생각이 있었다면 그것은 분명히 우리 삶의 바탕 위에 언젠가는 그려지게 된다.

그래서 불교에서는 망상을 피우지 말라고도 하고, 끊임없이 올라오는 생각과 번뇌를 잘 지켜보고 관함으로써 마음을 비우도록 이끌고 있다. 일반적으로 툭툭 올라오는 온갖 생각들에 대해 우리는 별 의미 없이 스쳐 보내곤 하지만, 이러한 마음의 법칙을 아는 수행자라면 순간순간 올라오는 생각과 잡념들이 바로 내 삶의 일부분을 형성시켜 나간다는 사실을 긴장감을 가지고 지켜볼 것이다.

어떤 사물을 보든, 사건을 보든 늘 밝고 긍정적인 면을 보면서 주어진 삶에 만족하는 사람이라면 그 사람의 삶은 점차 긍정적이고 만족스러워 질 수밖에 없을 것이다. 반면에 사사건건 트집을 잡고 부정하며 자신의 처지를 한탄하며 사는 사람의 미래는 부정적이며 불만족스러울 수밖에 없다. 내 스스로 마음에서 연습한 것이 그대로 내 삶 위에 펼쳐지기 때문이다.

사실 내가 바라는 모든 것은 이미 내 마음 안에 다 갖추어져 있기 때문에 마음을 어떻게 사용하고 쓰느냐에 따라 내 삶의 현실은 내 스스로 창조해 낼 수 있다. 무한 능력의 주인공이 바로 이 안에 있다. 참된 행복과 자유 평화, 그리고 심지어 진리를 찾고자 한다면 내 마음을 외면하여 밖으로 찾아 나서지 말고 마땅히 내 안을 살펴 마음 가운데서 찾으라.

마음이 무엇을 만들고 있는가

마음이 사람을 잘못되게도 만들며

마음이 사람을 죽이기도 하며

마음이 훌륭한 수행자를 만들기도 하고

마음이 천사를 만들기도 하며

마음이 사람답게 만들기도 하고

마음이 짐승으로 만들기도 하며

마음이 지옥을 만들기도 한다.

『불반니원경』

이 세상은 오직 마음일 뿐,

그 이외에 다른 모든 것들은 없다고 보라.

『능가경』

세상 모든 것은 마음이 만든다. 내 마음 바깥에 있는 모든 삼라만상이 사실은 내 마음이 만들어 낸 것에 불과하다. 거울에 비친 그림자처럼, 내 마음이 이 세상을 환영처럼 비춰 낸 것에 불과하다. 이 세상 그어떤 것도 독립적이거나 실체적인 것은 없다. 오직 마음이 이렇게도 만들고 저렇게도 만들면서 신기루 같은 이 세상을 지어 냈을 뿐이다.

마음이 천사도 만들고 짐승도 만들며, 수행자도 만들고 중생도 만들며, 지옥도 만들고 천상도 만든다. 이 모든 것이 마음에 비친 그림자와 같은 것일 뿐, 본래부터 그것 자체로 존재한 것은 없다. 신 또한 인간이 만들어 낸 것이며, 모든 종교 또한 인간에 의해 만들어 진 것에 불과하다.

그렇기에 내가 살아가는 현실은 내 마음이 만들어 낸 것에 다름 아니다. 가만히 마음을 살펴보라. 지금 내 마음이 어떤 현실을 만들어 내고, 어떤 미래를 만들어 내는지 정신 똑바로 차리고 지켜보라. 자칫 마음의 생산 공정을 놓쳐버리면 생각지도 못했던 끔찍한 것들을 만들어 낼 지도 모른다. 아니 많은 사람들이 자신의 마음을 놓치고 살기 때문에 마음이라는 생산 공장이 만들어내는 물품이 어떤 것인지도 모르고 간과하면서 살아간다. 그로인해 자신의 현실 혹은 미래에 어떤 끔찍한 일이 벌어질지 스스로 알지 못한다. 마음이 만들어 내는 것들이 무엇인지 전 과정을 똑똑히 살펴보고, 알아차려야만 헛것을 만들어 내지 않을 수 있다.

매 순간순간 내 마음의 일거수 일투족을 낱낱이 살펴보라. 마음이 오늘은 또 무엇들을 만들어 내고 있는가.

말과 행동에 마음을 담으라

모든 것은 마음에 따라 이루어진다.

사악한 마음으로 말을 하거나 행동을 하면

괴로움은 그 사람을 따라다닌다.

반대로 깨끗한 마음으로 말을 하거나 행동을 한다면

행복과 보람이 그 사람을 따라다닐 것이다.

『법구경』

마음이 기본이 되어 말과 행동을 만들어 내고, 그것은 그대로 업(業)이 되어 내 삶을 만들어 간다. 어떤 마음[意業] 가짐을 가졌는가, 어떤 말[口業]을 하였는가, 어떤 행동[身業]을 하였는가, 이 세 가지 행위가 업[三業]이고, 업이란 반드시 현실에서 결과를 가져온다. 나의 미래를 알고자 한다면 그동안의 마음과 말과 행동을 비추어 보면 된다.

　말과 행동은 마음 곧 생각이라는 의업이 기본이 되어 나타나니 모든 업의 시작이 바로 의업이다. 의업에는 세 가지가 있으니 바로 탐진치 세 가지이다. 의업으로 탐심을 많이 일으킨 자는 아귀지옥으로, 진심을 많이 일으킨 자는 아수라로, 치심을 많이 일으킨 자는 축생세계로 가고, 신구의 삼업에서 선업이 많으면 천상으로, 악업이 많으면 지옥으로 간다는 것이 바로 육도윤회의 교설이다. 이처럼 마음으로 어떤 업을 짓느냐에 따라 이번 생은 물론 다음 생까지 결정되는 것이다.

　똑같은 행동이나 말이라도 어떤 마음을 담느냐에 따라 그 결과는 달라진다. 똑같은 양을 베풀더라도 어떤 마음으로 베풀었느냐에 따라 결과는 하늘과 땅이고, 똑같이 병자를 간호했더라도 어떤 마음으로 했느냐에 따라 결과는 천차만별로 나뉜다.

　남이 보지 않더라도, 마음에서 숨기려고 애를 쓰더라도, 이 세상, 이 법계는 똑똑히 보고 있다. 나를 속이고, 사람들을 속일 수는 있을지언정 법계를 속이고, 부처님을 속일 수는 없다. 사악한 마음으로 말과 행동을 하면 괴로움이 그 사람을 따라다니며, 깨끗한 마음으로 말과 행동을 하면 행복이 그 사람을 따라다닐 것이다.

괴로워도 좋고 즐거워도 좋은 법

사람의 말과 행동은 그 사람의 생각을 나타낸다.

마음속에 악함을 품으면 말과 행동이 거칠어지지만

마음속에 착함을 품으면 말과 행동이 너그러워진다.

콩 심은데 콩 나고 팥 심은데 팥이 나듯이

말과 행동이 거친 사람은 악의 과보를 받게 되고

말과 행동이 너그러운 사람은 선의 과보를 받게 된다.

그것은 몸둥이에 반드시 그림자가 따르는 것과 같다.

『증일아함경』

몸뚱이에는 반드시 그림자가 따르듯, 내가 한 행위에는 반드시 그 과보가 따른다. 말과 생각과 행동이라는 세 가지 행위는 그대로 이 법계에 저장이 되고 축적이 되어 언젠가 그대로 현실로 나타난다.

지금 나에게 주어진 현실 또한 고스란히 과거에 내가 만들어 낸 업의 결과에 불과하다. 그러니 누구를 탓하거나 세상을 탓할 수는 없다. 다만 좋든 싫든 지금의 이 현실을 긍정으로 받아들이는 것만이 업을 녹일 수 있는 절호의 기회를 놓치지 않는 길이다.

악업을 지었으면 최대한 빨리 받는 것이 좋고, 선업을 지었으면 최대한 늦게 받는 것이 좋다는 말이 있다. 그러니 내 삶에 괴로운 일이 생기더라도 거부하고 도망칠 것이 아니라, 지난 악업의 과보를 받는 것이니 빨리 받겠다는 마음으로 받아들이고 볼 일이다. 또한 복을 받는 일이 많아지더라도 거기에 안주하여 더 많은 복을 달라고 할 것이 아니라 오히려 복을 늦게 받아도 좋으니 차라리 악업을 기쁜 마음으로 받겠다고 할 일이다.

세상 사람들은 괴로운 일이 생기면 아파하고 좌절하며 즐거운 일만 많이 일어나도록 해 달라고 기복적으로 빌지만, 인과를 아는 지혜로운 이라면 괴로운 일이 생기면 지난 악업의 과보를 빨리 받아 없앨 수 있는 기회로 알고 즐거운 마음으로 받아들이며, 즐겁고 기쁜 일만 있기를 바라는 마음을 버리고, 날마다 복을 짓는 삶을 살게 될 것이다. 세상 사람들은 괴로우면 괴로워서 싫고 즐거우면 즐거움이 금방 떠나갈까 싶어 걱정이지만, 지혜로운 이는 괴로우면 악업을 녹여서 좋고 즐거우면 선업을 받아서 좋다.

대장부의 기상

그대들이 진리답게 살려면 대장부의 기상을 가져야만 한다.

깨진 그릇에는 좋은 음식을 담을 수 없듯이

자기의 분명한 마음의 중심도 세우지 못하고

이리 흔들리고 저리 흔들리면 결코 법다울 수 없다.

그릇이 크고 중심 잡힌 사람은 남들의 말에 현혹되지 않는다.

자기가 살아가는 곳곳에서 주인이 되면

그가 사는 곳이 항상 참됨이 되니 조건에 휘둘리지 말라.

『임제록』

우리가 세상을 살아가면서 갖춰야 할 가장 중요한 가치가 바로 당당한 자기중심을 세우는 일이다. 우리 삶의 모습은 늘 주변상황에 이끌리고, 조건에 휘둘리며, 칭찬과 비난에 휘둘리곤 한다. 그것이 다 자기중심이 서 있지 못한 탓이고, 그릇이 작은 탓이다. 그릇이 크고 자기 안에 중심이 선 사람은 남들의 말에 휘둘리지 않고, 상황이나 경계에 휘둘리지 않으며, 언제나 자기가 발 딛고 서 있는 바로 그곳에서 주인이 된다.

스스로 주인이 되어 사는 것이야말로 참사람의 행이다. 누구라도 자신이 살아가는 곳곳에서 주인공이 되면 그가 서 있는 곳은 다 진실한 것이다. 그 어떤 곳에 있더라도, 그 어떤 상황, 그 어떤 사람과 함께 있더라도, 그 어떤 장소에 있더라도 지금 이 순간 내가 있는 바로 그곳에서 주인공이 되어야 한다.

내가 발 딛고 서 있는 '지금 여기'가 가장 중요한 삶의 순간이고, 참된 순간이다. 다른 곳, 다른 순간을 찾지 말라. 바로 지금 여기이지 다른 곳, 다른 때가 아니다. 어느 곳에서라도 주인으로 살지 객으로 살지 말라.

'나 자신'으로써 사는 것이 주인공으로 사는 것이다. '남처럼' '누구처럼' 살려고 하지 말라. '누구처럼' 살려고 했을 때, 그것은 벌써 지금의 나를 인정하지 않는 것이고, 비교 속에서 행복을 얻으려는 것이다. 이 세상에 하나밖에 없는 '나 자신'의 빛을 찾고 그 빛으로 삶을 사는 것 그것이야말로 가장 진실한 삶이다. 자신이 살아가는 바로 그곳에서 지금 그 모습으로 주인공이 되면 바로 그 자리가 진실의 자리다.

천상도 만들고 지옥도 만든다

선을 생각하면 선업이요 악을 생각하면 악업이니

한 생각에 천상이 생기고 지옥이 있게 된다.

한 생각도 일으키지 않으면 선업이나 악업도 모두 없어져서

천상과 지옥이라는 분별도 자연히 없어진다.

천상이나 지옥의 본체는 있는 것도 아니고 없는 것도 아니다.

집착하는 범부에게는 천상과 지옥이 있고

집착하지 않는 성인에게는 그 모두가 없다.

『달마대사 오성론』

선을 생각하면 선한 말과 생각과 행동이 뒤따르고 그것은 곧 선업이 되어 천상세계의 결과를 가져온다. 악을 생각하면 악한 말과 생각과 행동이 뒤따르고 그것은 곧 악업이 되어 지옥에 떨어지는 과보를 가져온다. 이처럼 지옥도 천상도 모두 한 생각, 한 마음이 만들어 낸 흔적일 뿐 본래부터 지옥과 천상이 있었던 것이 아니다. 지옥과 천상이 본래부터 있어 사람들이 선행을 많이 하면 천상으로 악행을 많이 하면 지옥으로 끌어오는 것이 아니라, 사람들의 한 생각에서 움튼 선악의 업들이 모여 천상과 지옥을 만들어 낸다. 그러니 선악에 집착하는 범부들에게는 천상과 지옥이 있지만, 선도 악도 모두 초월하여 떠나보낸 무집착의 성인에게는 천상도 지옥도 없다. 불교의 근본목적은 선을 많이 행함으로써 천상에 가는 데 있지 않고, 선악을 모두 초월하여 천상과 지옥을 모두 여의는 데 있다.

선한 한 생각이 곧 천상이고, 악한 한 생각이 곧 지옥이니 우리가 매일같이 일상에서 일으키는 한 생각 한 생각 속에 천상과 지옥이 만들어지고 없어지는 것이다. 지금 이 순간, 나는 천상을 만들고 있는가, 지옥을 만들고 있는가. 지금 이 순간 내가 만드는 바로 그 곳이 내가 죽은 뒤에 가야 할 곳이다.

이처럼 선한 한 생각이 천상을, 악한 한 생각이 지옥을 만들며, 죽은 뒤 가야 할 곳을 만들어 내지만, 매 순간순간 선악의 모든 분별을 놓아버리고, 다만 깨어있는 정신으로 관한다면 일시에 선악을 넘어서게 된다. 선악을 넘어 선 이가 가는 곳은 천상도 지옥도 아니요, 무분별의 지고한 열반의 세계다.

달처럼 수줍어하라

달은 수줍음을 타는 듯 자주 구름 속에 숨는다.

수행하는 사람도 달처럼 수줍어하며 마음을 낮추고 겸손하라.

남이 이익을 얻거나 공덕을 지을 때

그것을 시기하지 말고 자기 자신의 일처럼 칭찬하고 기뻐하라.

자기를 높여 뽐내지 말고

남을 깔보고 업신여기지 말라.

『잡아함경』

무아(無我)를 체득하고, 연기(緣起)를 체득하면, 더 이상 '나'를 내세울 것도 없고, 뽐낼 것도 없음을 알게 된다. '나'라는 아상이 큰 사람일수록 스스로를 뽐내려고 하고, 내세우려 하고, 상대적으로 상대를 업신여기며 얕잡아 보려고 한다. 이 모든 것이 어리석음의 소산이다.

밝게 깨친 사람은 '나'를 내세우지 않는다. 내가 곧 세상이고, 내가 곧 온 우주와 둘이 아닌 하나임을 알기 때문이며, 다시 말해 '나 없음'의 진리를 알기 때문이다. 스스로를 낮춤으로써 우린 진리에 좀 더 가까이 다가갈 수 있다. '나'를 비우고, 낮추고, 겸손해짐으로써, 또 타인의 일을 나의 일처럼 칭찬하고 기뻐함으로써 진리에 다가갈 수 있으며, 그 길이 바로 참으로 나를 되찾는 길이고, 나를 깨닫는 길이다. 나를 드러내려 하지 말고, 뽐내려 하지 말고, 한없이 낮추고 또 낮추라. 하심(下心)하라.

나 잘난 마음으로 나를 드러내며 사는 것은 모든 업의 근본이 되고, 나를 비우며 낮추고 사는 것은 모든 깨달음의 근본이다. 나 자신이 못난 줄 알아야 공부는 시작되는 것이지, 스스로 잘난 줄 아는 사람에게 진리는 멀어져 간다. 한 치라도 내가 잘났다는 생각이 올라오거든 깜짝 놀라 얼른 지켜보라. 그것이 바로 내가 닦아야 할 번뇌의 시작임을 알고, 놓아야 할 아상임을 깨달으라.

공부가 익어갈수록 벼는 고개를 숙이듯, 마음공부란 익으면 익어갈수록 하심하고 겸손해지며, 자신을 드러내지 않는다. 마치 어린아이의 천진난만한 웃음처럼 순진무구해지는 세계가 순수하게 피어오른다.

욕심 적다고 말하지 말라

욕심을 적게 가졌다고 해서

나는 욕심을 적게 가졌다고 말하지 말라.

만족함을 알았다고 해서

나는 만족할 줄 알았다고 말하지 말라.

멀리 떠나는 것을 즐거워한다고 해서

나는 멀리 떠나는 것을 즐거워한다고 말하지 말라.

궤변을 좋아하지 않는다고 해서

나는 궤변을 좋아하지 않는다고 말하지 말라.

『중아함경』

스스로 욕심이 적다고 말하고, 스스로 만족할 줄 안다고 말하지 말라. 욕심이 적고 자족을 알더라도 스스로 소욕과 지족을 자랑삼아 말하는 사람은 참된 소욕지족과는 거리가 멀다. 참된 소욕지족은 말이 없고 상이 없다. 수저가 밥맛을 모르듯이 자연스러운 두타행의 수행자는 스스로 소욕지족을 모르고, 청빈한 삶을 입에 담지 않는다.

수행을 잘 한다고, 보시를 많이 했다고, 착한 일을 많이 했다고, 욕심이 적다고 스스로 말하지 말라. 참으로 욕심을 적게 가진 사람이라면 말할 것도 없다. 스스로 욕심이 많기 때문에 욕심을 적게 가졌다고 애써 표현하는 것일 뿐. 만족함을 알았다면 그것으로 딱 끊어진 것이지, 애써 말로써 표현할 것은 무엇인가. 말로 표현되면 그것은 벌써 진실과 멀어진다. 어떤 말도 온전히 있는 그대로를 드러내 줄 수는 없다. 참된 실제는 말 없는 가운데, 침묵으로써 온전히 드러난다.

한 수행자가 있었다. 그는 평소에 꼿꼿이 허리를 세우고 결가부좌로 삼매에 들곤 했지만 신도들이 찾아와 법을 물을 때면 언제나 허리를 느슨히 하고 자세를 편안하게 바꾸곤 했다. 더욱이 어린아이들이 찾아 올 때면 동년배의 친구처럼 어린아이가 되어 뛰어놀곤 했다. 또 다른 수행자가 있었다. 그는 평소에는 나태하고 게으르며 수행과는 거리가 멀었지만 신도들이 찾아 올 때면 남들의 눈을 의식해 언제나 허리를 꼿꼿이 세우고 결가부좌를 한 채 위엄을 잃지 않았다.

나는 과연 어떤 수행자인가. 참된 수행은 수행을 드러내지 않으며, 언제나 은밀함을 지킨다.

몸을 찌르는 날카로운 칼날

모든 재앙은 입으로부터 나온다.

그러니 함부로 입을 놀리거나 듣기 싫어하는 말을 하지 말라.

맹렬한 불길이 집을 태워 버리듯,

말을 조심하지 않으면

결국 그것이 불길이 되어 내 몸을 태우게 된다.

자신의 불행한 운명은 바로 자신의 입에서부터 시작된다.

입은 몸을 치는 도끼요, 몸을 찌르는 날카로운 칼날이다.

『법구경』

모든 재앙의 시작은 입에서부터 시작된다. 우리는 하지 않아도 될 말, 또는 해서는 안 될 말들을 얼마나 많이 하고 사는가. 내면에서 걸러지지 않고 마구잡이로 내뱉는 말은 허물이 되고 재앙이 되어 도리어 나에게로 돌아와 내 몸을 태우게 된다. 모름지기 입을 열 때는 내면에서 침묵으로 걸러짐이 있어야 한다. 먼저 욱 하고 올라오는 생각들이나, 툭 튀어 나오는 말에 대해 가만히 관(觀)해 보고 몇 번이고 안으로 돌이키며 꼭 해야 할 말만을 단순하고도 명쾌하게 꺼낼 일이다. 침묵이야말로 모든 수행자의 길벗이요 도반이다. 입이 무거워야 모든 공덕이 깃든다.

사람들이 모이면 주로 꺼내는 말이 첫째는 자기 잘난 자랑이고, 둘째는 남 못났다는 허물이다. 이것이 바로 아상이 담긴 대화의 전형이다. 내 자랑을 많이 해야 내가 드러나고, 남 허물을 들추어내야 또한 내가 높아진다고 착각하는 것이다. 모름지기 수행자라면 자신의 입을 관하여 침묵하고, 설사 말을 해야 할 때라도 이 말에 나를 드러내려는 아상이 얼마나 담겨 있는지를 깊이 관찰할 일이다.

말을 조심하지 않으면 불행한 운명이 시작되고, 그것은 그대로 도끼가 되어 내 몸을 치고 칼날이 되어 내 몸을 찌르게 된다. 대화를 시작할 때는 몇 번이고 입을 관하고, 생각을 관하여 허물이 없도록 하라.

치솟는 불길보다 더 무서운 것

노여움은 사나운 불보다도 더 무섭다.

그러므로 항상 자기 자신을 잘 지켜서

노여움이 들어오지 못하게 해야 한다.

공덕을 파괴하는 도둑은 노여움보다 더한 것이 없다.

『유교경』

102

공덕을 파괴하는 도둑은 성냄보다 더한 것이 없다. 성냄이야말로 그동안 지어왔던 모든 공덕을 파괴하는 가장 큰 독이다.

화를 많이 내는 이유는 아집(我執) 때문이다. 그 중에도 '내 생각이 옳다'는 자기 생각에 대한 고집이 큰 사람일수록 화의 불길을 피할 수는 없다. 내 견해가 옳다는 고집이 크다보니 다른 사람의 견해는 그르다고 생각하게 되고, '너는 틀렸고 나는 옳다'는 생각 때문에 절대 내 생각을 굽히지 않고 타인의 생각을 받아들이지 않는다. 여기에서 성냄과 화와 싸움이 생겨난다. 자기 생각에는 '내가 옳다'고 생각하는데, 타인은 또 자신의 생각이 옳다고 주장하니 화가 날 수밖에 없는 것이다. 내가 옳다는 고집을 놓아버리고, 옳고 그르다는 분별을 놓아버리는 것만이 올라오는 불같은 화를 잠재울 수 있다. 이처럼 '내가 옳다'는 아상을 버리는 것, 그것이 화에게서 나를 잘 지키는 첫 번째 방법이다.

두 번째로 상황따라 올라오는 화를 다스리는 방법은 화나는 순간, 성냄이 일어나는 순간을 놓치지 말고 잘 관(觀)하는 길이다. 화가 날 때 화가 난다는 것을 객관이 되어 있는 그대로 관찰하라. 올라오는 화를 관찰하면 화는 사라진다. 아니 도대체 화를 찾으려 해도 어디쯤 있는지 찾을 수가 없다. 화와 나 사이의 거리를 띄우고, 멀리 떨어져서 나와는 상관없는 것을 지켜본다는 마음으로 노여움이 올라오는 순간을 지켜보라.

이처럼 아집을 놓아버리고, 마음을 관하는 것만이 자기 자신을 잘 지켜서 불같은 노여움이 들어오지 못하게 하는 길이다.

원인도 해결책도 거기서 구하라

네 가정 내에서 다툼이 일어난다면

다른 사람들을 탓하지 말라.

네 자신의 마음과 행동에서

그 원인을 찾고, 해결책도 거기서 구하라.

『증지부 경전』

누군가와 다툼이 일어났다면 그것은 전적으로 나의 탓이다. 물론 전적으로 다른 사람 때문에 일어난 다툼일수도 있지만 그것 또한 결국에는 나의 탓이라고 볼 수밖에 없다. 나와 다투는 사람이 내 앞에 나타났다는 것은 이미 내 내면의 화가 외부적으로 인연을 만난 것이기 때문이다. 그 사람을 탓하거나, 힘으로 억누르면 잠시는 화가 잠재워진 것 같더라도 우리 안에는 더 큰 화가 똬리를 틀고 있다. 그렇게 되면 분명 훗날 다른 더 큰 화의 인연을 만나게 될 것이다.

모든 다툼이나, 화는 그대로 내 내면의 표현이다. 내 마음에서 다툼이 사라지면 외부적인 다툼 또한 쉬어진다. 부처님이나 예수님에게 다툼을 걸더라도 우리는 그분들과 싸울 수 없다. 그 분들께 화를 내고 탓하고 들더라도 그 분들의 마음을 한 치도 흔들어 놓을 수 없다. 이미 그 분들은 내면에 화가 남아 있지 않기 때문이다. 다툼이란 내 안의 문제이지 상대와의 문제가 아니다. 다툼이 일어나면 곧장 내 안을 들여다보고, 그 안에서 원인을 찾고 해결책도 거기에서 구하라.

다툼 뿐 아니라, 나에게서 일어나는 일체 모든 문제들이 마찬가지다. 그것은 내 외부로부터 오는 듯 여겨지지만 그 모든 것은 내 안에 씨앗이 있기 때문에 오는 것일 뿐이다. 내 안에 씨앗이 없다면 아무리 외부에서 문제를 일으키더라도 나와는 상관없는 일이 될 것이다. 똑같은 바이러스가 오더라도 내성이 강한 사람에게는 병이 들어오지 못하는 것처럼. 내 밖을 탓하지 말고, 남을 탓하지 말라. 다만 내 안을 들여다보고, 내 안을 치유하라.

원망을 푸는 법

남을 원망하는 마음으로는 그 어떤 원망도 풀지 못한다.

그 누구에게도 원망하는 마음으로 원망을 풀지는 못한다.

다만 원망을 놓아버림으로써만 원망을 풀 수 있다.

이것은 변치 않는 영원한 진리이다.

『법구경』

누군가를 원망함으로써 원망을 풀고자 한다면 그것은 어리석은 일이다. 이 세상의 모든 원망과 다툼과 질투와 성냄, 이 모든 것은 내 안의 문제이지 외부적인 문제가 아니다. 원망하는 마음을 풀고자 한다면 원망하는 그 마음을 놓아버림으로써만 온전하게 원망을 풀 수 있다. 이것은 영원히 변치 않는 진리이다.

원망스러운 상대방을 내 안에서 완전히 용서하는 것만이 원망을 푸는 지름길이다. 참된 용서는 억지로 용서하기 위해 애쓰는 것도 아니고, 원망하는 마음을 참거나 저 마음 깊은 곳에 묻어 두는 것도 아니다. 참된 용서는 원망하는 마음 그 자체를 완전히 비우고 놓아버림으로써, 마음속에 원망의 뿌리를 뽑아내는 데 있다. 그러기 위해서는 원망하는 나도 원망스런 대상도 원망스런 일들도 그 모든 것이 실체적인 것이 아닌 환영이었고, 신기루와 같은 것이었음을 바로 알아야 한다. 바른 이해, 바른 관찰만이 원망의 뿌리까지 빛을 놓아줄 수 있다.

원망스런 사람에 대한 응어리를 고스란히 마음속에 품고 세상을 살아간다는 것은 내 안에 언제 터질지 모를 폭탄을 안고 가는 것과도 같다. 흙탕물은 가만히 내버려 두면 가라앉아 맑은 물처럼 보이지만, 그것은 언제든 휘젓는 순간 다시금 탁해지고 만다. 중요한 것은 잠시 원망을 덮어두는 것이 아니라, 완전히 내 안에서 걷어내는 것이다. 흙탕물 아래 가라앉아 있는 진흙까지 완전히 비워내야 언제 누가 휘젓더라도 언제나처럼 맑은 정신을 유지할 수 있는 것이다. 그러기 위해서는 세상을 바로 이해해야 하고, 바로 이해하려면 세상을 온전히 관찰할 수 있어야 한다.

그는 나를 모욕하고 때렸다

'그는 나를 모욕하고, 때리고, 나의 것을 훔쳤다.'

이런 식으로 생각하면 미움은 결코 끝나지 않는다.

'그는 나를 모욕하고, 때리고, 나의 것을 훔쳤다.'

이런 생각을 놓아버려야 당신의 미움은 끝이 난다.

증오는 증오로 무너뜨릴 수 없다.

증오는 사랑에 의해 무너진다. 이것은 변치않는 영원한 진리이다.

『법구경』

증오의 마음을 가라앉히면

마음이 편안해지고 근심과 걱정이 없어진다.

증오와 성냄은 독의 근본.

그래서 증오를 없애고 인욕을 실천하는 사람은 모든 성인이 칭찬한다.

『잡아함경』

증오는 증오로 무너뜨릴 수 없고, 다툼은 다툼으로 끝맺을 수 없으며, 원망은 원망으로 끝나지 않는다. 증오와 다툼과 원망이라는 그 한 생각을 놓아버렸을 때 나의 증오도 원망도 다툼도 온전한 결말을 맺게 된다.

인류의 역사를 살펴보라. 폭력으로 문제를 해결하려고 하면 그 결과는 언제나 폭력뿐이다. 증오는 또 다른 증오를 부르고, 폭력은 또 다른 폭력을 부른다. 증오와 미움과 폭력과 전쟁은 어느 한 쪽이 그 어두운 마음을 놓아버리지 않고서는 결코 풀리지 않은 채 후손에게까지 끊임없이 이어져 가면서 또 다른 폭력을 낳을 뿐이다. 부처님을 비롯하여 인류의 수많은 성인들이 끊임없이 비폭력을 역설하고, 사랑과 자비를 역설하는 소리를 왜 우리는 계속해서 무시해야만 하는 것일까.

증오는 증오로 끝나지 않는다. 증오는 오직 사랑으로 끝난다. 다툼은 또 다른 다툼으로는 결코 끝나지 않는다. 오직 사랑과 지혜 그리고 용서로써만 끝낼 수 있다. 참된 사랑이란 상대와 내가 둘이 아니라는 온전한 자각에서 오는 동체대비(同體大悲)의 마음이다. 내가 증오하는 상대와 증오하는 주체인 내가 둘이 아니라는 자각이 생겼을 때, 어떻게 상대를 증오할 수 있겠는가. 내가 나를 증오하지 않듯, 내가 상대를 증오할 수 없다. 나와 상대를 나누는 마음은 어리석음이며, 하나라는 마음은 지혜이고 사랑이다. 참된 지혜와 사랑이 바탕이 되었을 때, 이 세상의 모든 문제는 나와 상대의 문제가 아니라, 나와 또 다른 나의 문제, 즉 내 안의 문제일 뿐이다.

흠과 단점을 들추지 말라

남을 해칠 마음을 갖지 말고

원한을 품지 말고 성내는 마음을 두지 말라.

남의 흠을 애써 찾지도 말고,

약점이나 단점을 들추지도 말고,

항상 자기 자신을 잘 단속하여 정의로써 자신을 살펴 나가라.

『잡아함경』

상대를 해칠 마음도 갖지 말고, 원한의 마음도 갖지 말고, 약점이나 단점을 들추지도 말라. 오직 나 자신을 보라. 내 마음의 중심을 내 안에 두라.

상대가 얼마나 잘 사는지, 얼마나 돈을 많이 벌었는지, 얼마나 좋은 차를 타고 다니는지, 그런 데에 관심을 두지 말라. 다만 나 자신을 보고 나 자신의 길을 가면 된다. 상대와 나와의 모든 비교를 놓아버리라. 나는 나로써 온전한 몫이 있다. 참된 진리가 나라는 존재로써 나다운 삶을 살기 위해 이 땅에 피어난 것이다.

나를 상대와 비교하고 분별하고 나누게 되면 온갖 질투와 성냄과 원한이 일어나고, 상대에 비해 내가 월등하다거나 우월하다는 데에서 온갖 괴로움과 시비가 일어나게 된다. 모든 행복은 상대방과의 비교 없이 다만 내 안에서 끊임없이 샘솟는 것이지, 상대적인 우월과 열등이 행, 불행을 좌지우지하는 것이 아니다. 상대적인 모든 행복은 행복이 아니라 욕심충족에서 오는 우월감일 뿐이다.

이웃 모두가 연봉 1억을 받을 때 나 혼자 5천만 원을 받는 것 보다는 차라리 이웃들이 모두 2천만 원을 받고 나 혼자 3천만 원을 받는 것을 택하리라는 생각이 우리의 어리석은 결론이 아닌가.

다만 나 자신을 살피고 잘 단속하면 된다. 내가 왜 누구보다 잘 나거나, 누구보다 못나거나 하는데 휘둘리고 이끌리는가. 나는 다만 나일 뿐. 나 자신의 길을 가는 것이 가장 당당하게 사는 길이다. 상대를 시비하지 말고, 다만 나 자신을 잘 단속하고 살펴 나가라. 상대적인 비교를 떠나면 언제나 절대적인 풍요로움과 고요함이 우리 앞에 연꽃처럼 피어날 것이다.

비난 받는 즐거움

나에게 비판해 주는 사람 보기를 보물 지도와 같이 하라.

근처에 비난하는 자가 있으면 나의 상황은 더욱 나아진다.

그는 나를 가르치고 나의 잘못된 행동을 말려준다.

훌륭한 사람들은 그를 사랑하게 되지만,

어리석은 사람들은 그를 싫어하고 멀리하게 된다.

『법구경』

사람들은 비판을 싫어하고 칭찬을 좋아한다. 비판하는 자를 미워하고, 칭찬하는 자를 좋아한다. 그러나 조금 냉정하게 생각해 보았을 때, 비판처럼 감사하고 좋은 일이 없다. 비판을 듣게 되면 그만큼 나의 단점과 잘못된 점을 바로 보게 되는 길이 열린다. 내가 나를 보기는 어려워도 상대가 나를 보기는 쉽다.

상대는 비판을 하지만 나는 도저히 용납되지 않고, 그 비판이 수용되지 않는다면 그것은 더욱 좋은 일이다. 내가 도저히 받아들이지 못할 만큼 나에 대해 전혀 모르고 있던 부분을 고맙게도 상대에게서 들을 수 있고, 발견할 수 있기 때문이다. 보통 사람들은 자기 자신에 대해 판단할 수 없다. 자기 자신에 대한 스스로의 판단은 언제나 옳다. 나는 나 자신의 상황을 결코 완전히 알 수 없다. 내가 어떤 틀에 갇혀 있는지, 나의 치명적인 단점이 무엇인지 나 자신은 그저 대충 알고 있을 뿐이거나 전혀 모르고 있다.

누구나 다 알고 있을 법한 어떤 한 고집 센 사람에게 '당신도 잘 알고 있겠지만 그 센 고집을 조금 줄여줄 수는 없는가' 하고 물었더니 나같이 고집 없는 사람이 또 어디 있느냐고 하면서 펄쩍 뛰는 사람을 보았다.

주위의 모든 사람이 다 알아도 자기는 자기를 모르기 쉽다. 나는 언제나 나에 대해 주관이기 때문에, 내가 나를 객관적으로 본다는 것은 너무나도 어려운 일이다. 그러니 객관적인 시선으로 나를 비판해 주는 벗이 있다는 건 얼마나 기쁜 일인가. 그런 비판을 듣고 수용할 수 있다면 상황은 더욱 나아진다. 그러나 많은 이들은 비판을 싫어하고 칭찬만을 바란다. 지혜로운 이는 칭찬을 두려워할 줄 알고, 비판을 달콤해 할 줄 안다.

화가 천상을 불태운다

누가 와서 해롭게 하더라도
마음을 거두어 성내거나 원망하지 말아야 한다.
한 생각이 불끈 치솟아 오를 때 온갖 장애가 일어난다.
번뇌가 끝이 없지만 성내는 것은 그보다 더하다.
『선가귀감』

치열한 번뇌에는
탐냄과 성냄과 어리석음이 있다.
이 세 가지 중에서도
성냄의 번뇌가 가장 심하니
그 불은 욕계로부터 첫째 선정의 하늘까지 태운다.
『출요경』

사람의 번뇌에는 탐내고 성내고 어리석은 세 가지가 있다. 이 가운데 가장 큰 번뇌는 성냄이니, 이는 내 마음의 온갖 선한 종자들을 다 태우고, 내 안의 모든 공덕이며, 내 안의 수행력, 복력까지 다 태우고 만다. 아무리 수행을 잘 하고, 복을 많이 베풀더라도 한 번이라도 크게 화를 내어 상대의 마음에 두려움을 품게 했다면, 그 공덕은 일시에 소멸된다.

보시 가운데 가장 큰 보시는 무외시(無畏施)로 상대방의 마음에 두려움이 없고 평안이 깃들도록 해 주는 보시다. 무외시야말로 우리가 타인에게 행할 수 있는 가장 큰 보시요 축원이다. 반대로 화를 냄으로써 상대방의 마음에 두려움을 가져다주고, 상대의 마음을 어둡고 불안하게 했다면 그것이야말로 가장 큰 독(毒)이다. 한 생각 불끈 치솟아 욱 하는 화가 올라올 때, 바로 그 때 온갖 장애가 일어나고 온갖 공덕이 불타게 된다.

상대방과 좋지 않은 일로 마음에 화가 올라오더라도 그것을 밖으로 끄집어내 성냄으로써 상대를 두렵게 해서는 안 된다. 일단 화가 일어난다면 잠시 그 자리를 피하거나, 침묵할지언정 화는 내지 말라. 화가 올라오는 순간, 한 생각이 불끈 치솟아오르는 바로 그 순간을 놓치지 말고, 그 마음을 거두어 잘 관(觀)하라. 화가 날 때 화가 나고 있다는 것만 온전히 알아차리고 있어도 화는 멈추어진다. 불끈 치솟아오르는 그 마음을 면밀히 관찰하고 알아차리면 금방 치솟던 화가 비춤의 광명으로 어느새 흔적도 없이 사라진다. 인연 따라 생겨나는 공(空)한 성냄은 비춤의 빛을 받으면 다시금 공으로 돌아간다.

있으면서 없음을 실천하라

힘이 있으면서 약한 사람의 잘못을 잘 참으면

이야말로 제일의 '참음'이다.

미약한 이가 힘과 위력을 겁내어서 아무 말 못하는 것은

두려움일 뿐 참음이라 하지 않는다.

자기보다 힘 있는 이에게 참는 것은

나를 해치지 않을까하는 환란을 두려워하는 마음이기 쉽고,

자기와 비슷한 이와 다투다가 참음은

서로 해로울까 두려워함이나,

미약 하고 못난이에게 능히 참음은 참음 중에서도 제일이다.

『잡아함경』

참음 중에 가장 제일의 참음은 나보다 미약하고 힘이 없는 이에게 능히 참을 줄 아는 것이다. 나보다 잘난 사람 앞에서 참는 것은 두려움을 피하기 위한 것이고, 비슷한 이와 참는 것은 서로 해로울까 두려워함이기 쉽지만, 미약하고 못난이에게 능히 참을 줄 아는 것은 지혜로운 자만이 할 수 있는 참된 인욕이다. 어리석은 이는 강한 자에게는 약하고, 약한 자에게는 강하지만, 지혜로움은 강한 자에게 더욱 강하고, 약한 자에게 한없이 약할 수 있는 용기에 있다.

힘이나 권력이나 돈이 많으면 많을수록 약자와 없는 자에게 어머니가 자식을 돌보듯 따뜻한 손길을 내밀 수 있어야 한다. 있으면 있을수록, 높으면 높을수록, 많으면 많을수록 마음을 낮춰 아래로 아래로 하심하면 그 공덕이 하늘을 가득 채우지만, 많다고 있다고 높다고 적고 없고 낮은 사람을 부리려 한다면 모든 공덕이 허공으로 흩어지고 만다.

세상에서는 높을수록, 많을수록, 있을수록 더 인정받고 대우받지만 출세간의 세계에서는 높다는 상, 많다는 상, 있다는 상을 여의고 놓아버릴수록 진리와는 가깝다. 불교는 무조건 낮아지고, 가난해지고, 없는 것만을 최고로 삼는 가르침은 아니다. 무소유가 무조건 없는 것을 의미하는 것은 아니다. 많고 있고 높더라도 거기에 집착하지 않고 하심하며 마음을 비우고 이웃과 함께 나눌 수 있다면 그 자가 바로 최고의 비움을 수행하는 자다. 어쩔 수 없이 없는 것이 아니라, 있으면서 스스로 없음을 실천하는 것이야말로 최고의 공부다.

그만 둘 것은 반드시 그만둬라

일상 속에서

옳은 것은 힘써 실천하고

옳지 못한 것은 반드시 그만 두어야 한다.

일의 쉽고 어려움에 따라 신념을 바꾸어서는 안 된다.

당장 어렵다고 해서 고개를 저으며 돌아보지 않으면

뒷날 지금보다 더 어려울지 어떻게 알겠는가.

『선림보훈』

일상 속에서 옳은 것은 반드시 실천하고, 옳지 못한 것은 반드시 그만 두어야 한다. 해야 할 것은 반드시 해야 하고, 하지 말아야 할 것은 반드시 하지 말아야 한다. 일의 쉽고 어려움이나, 사사로운 감정에 얽매이거나, 사적인 이익을 좇아 옳은 것을 실천하지 않아서도 안 되고, 옳지 못한 것을 하려고 해서도 안 된다. 당장 어렵다고 꼭 해야 할 일을 행하지 않거나, 당장에 이익을 좇아 해서는 안 될 일을 하게 된다면 반드시 뒷날에 재앙을 맞게 될 것이다.

가장 단순하면서도 명쾌한 삶의 진리가 바로 옳은 것은 반드시 행하고 그른 것은 반드시 실천하지 않아야 한다는 이치다. 지혜와 복덕을 증장하는 것, 비움과 나눔을 실천하는 것은 항상 옳은 일이며, 반드시 실천해야 할 삶의 원칙이다. 마음을 비우도록 이끄는 지혜는 수행을 통해 얻게 되는 것으로 집착을 놓아버리게 하고, 번뇌와 잡념을 비워주며, 마음을 평화와 고요함으로 이끈다. 내 것을 이웃과 나눔으로써 오는 복덕의 증장은 보시를 통해 얻게 되는 것으로 소유욕과 욕심을 놓아버리게 하고, 마음을 청빈과 맑은 가난의 정신으로 이끈다.

어려운 이웃을 돕는 일, 소유를 나누는 일, 욕심을 비우는 일, 마음을 비우는 일, 가부좌를 틀고 좌복 위에 앉는 일, 새벽마다 정갈한 마음으로 예불 올리는 일, 소박하고 가난한 삶을 사는 일, 자연과 조화를 이루며 사는 일 등은 반드시 해야 할 일들이다.

삶을 가만히 돌아보라. 하지 말아야 할 것을 기를 쓰고 행하는 것이 있는가, 해야 할 것을 기를 쓰고 하지 않는 것이 있는가.

선행이 백 가지 악을 깬다

한 가지 선한 행을 하면 백 가지 악을 깨는 것과 같다.

마치 작은 금강석이 수미산을 무너뜨리는 것 같고,

적은 불이 온갖 것을 태우는 것 같고,

소량의 독약이 중생을 해치는 것과 같다.

이처럼 비록 작은 선이라 할지라도

그 실제는 크다는 것을 알아야 한다.

왜냐하면 작은 선이 큰 악을 깨뜨리는 까닭이다.

『열반경』

한 가지 바른 마음으로 행한 선행이 백 가지 악을 깬다고 한다. 이 말은 직접 선과 악이 대치가 된다는 말이 아니라, 그만큼 선이 중요하다는 말이다. 작은 선이 씨앗이 되어 또 다른 선행을 가져오고 그러한 선의 기운이 악하고 탁한 기운들을 몰아낸다. 유유상종(類類相從)으로 선은 선을 끌어당기고, 악은 또 다른 악을 부른다. 그러니 작은 선이라도 하나를 행한다면 그 선행은 곧장 또 다른 선을 몰고 온다. 한 번의 선업은 수많은 선업들과 공명(共鳴)한다. 그랬을 때 작은 선 하나가 백 가지 악을 깨는 것과 같다. 청정한 마음 하나가 온갖 혼탁한 악한 마음 백 가지를 깰 수 있다. 오랫동안 악한 일을 해 오면서, 온갖 악의 업을 지어 온 사람이라도, 다시금 마음을 돌이켜 청정한 마음으로 한 가지 선을 행한다면 그 선한 마음 하나가 그동안의 온갖 악한 마음을 녹일 수 있다. 아무리 오랫동안 빛을 보지 못한 어둠의 동굴이라도 그 동굴이 밝아지는 데는 촛불 하나로도 충분한 것처럼. 그랬을 때 악한 마음은 깨뜨려지고 이내 마음은 선의 기운으로 넘친다.

바로 그 첫 번째 선한 마음이 중요하다. 내 마음은 선에 더 가까이 공명하는가, 악에 더 가까이 공명하는가. 선을 행하는 것이 더 쉬운가, 악을 행하는 것이 더 쉬운가.

이번 생 동안 선을 많이 연습한 사람은 죽고 난 뒤에도 선의 파장을 끌어당기고 다음 생에 태어나더라도 선을 행하는 것이 악을 짓는 것보다 더 쉽고 익숙해진다. 그러나 악을 행하던 사람은 죽고 나면 어둡고 악한 지옥의 파장을 제 스스로 끌어당기게 되고 설사 인간으로 태어나더라도 악을 행하는 것에 마음이 끌린다.

정성으로 구하면 반드시 얻는다

도를 구하고자 하면 모름지기 정성을 다하라.

정성이 서로 감응하면 능히 도과(道果)를 얻는다.

그러므로 수행자는 지극한 마음으로 정진하라.

만일 지극한 마음으로 정성스레 구하면 반드시 얻는다.

『잡보장경』

기도를 하는 일도, 깨달음을 얻는 일도, 세상을 살아가는 일도 모름지기 정성이 바탕이 되어야 한다. 지극한 마음으로 정성스레 구하면 얻어지지 않는 것이 없다. 일체유심조, 마음이 모든 것을 만들어낸다고 했는데, 마음은 바로 정성이라는 양분을 먹고 자란다. 마음에 지극한 정성이 가해지면 법계는 그 마음이 원하는 것을 이 세상에 이루어낸다.

설악산 봉정암을 오를 때마다 저 멀리 아래 지방에서부터 몇 시간을 버스로 와서는 6시간 정도를 걸어 오르는, 그것도 봉정암 부처님께 쌀공양을 올리겠다고 그 무거운 쌀을 걸망에 짊어지고 오르는 노보살님들을 뵈면 그 정성스러움에 나도 모르게 경외감이 느껴지곤 한다. 사실 봉정암이라는 그 높은 절이 특별히 가피가 높거나, 다른 절보다 더 대단한 무엇이 있어서가 아니라 봉정암을 오르는 그 정성과 부처님을 향해 한발 한발 험한 길을 오르는 그 길목에서 쏟아내는 정성스러움이야말로 적멸보궁 봉정암 순례의 가피가 아닐까. 그러한 정성으로 올라가 부처님 전에 쌀공양을 올리고 기도를 하는데 어찌 부처님의 가피가 없을 것인가.

정성은 법계를 감동시키고, 우리 내면의 뜰에 밝은 빛을 수놓는다. 그 어떤 일도 정성스럽고 지극한 마음으로 행하면 일의 흐름을 밝게 만들고, 나와 내 주변 그리고 일의 기운을 밝고 원만하게 바꾸어 놓는다. 어떤 일을 시작할 때, 일에 대한 욕심으로 실행하지 말고, 먼저 정성스런 마음으로 정성스레 기도하고, 지극한 마음을 다하여 시작하라. 그러면 반드시 구하는 것을 얻는다.

승자와 패자가 모두 이기는 법

몸을 절제하고 말을 삼가고

그 마음을 거두고 성냄을 버려라.

도의 길을 가는 데에는 인욕이 가장 으뜸이니라.

『법구경』

서로 싸우지 말라.

말로써 옳고 그름을 가리려 하면 평생을 싸워도 끝이 없다.

오직 침묵으로 참고 용서하는 것만이 모든 다툼을 끝내나니

이러한 가르침이야말로 존귀하고 존귀하다.

『중아함경』

언쟁하지 말고, 서로 다투지 말라. 옳고 그름을 가려 승부를 내려고 하려면 평생을 싸워도 끝이 없다. 옳고 그르다는 것은 고정되게 정해진 바가 아니어서 고정된 실체가 없다. 자신에게는 옳은 것도 상대에게는 그를 수 있고, 이 상황에서는 옳은 것이 다른 상황에서는 그를 수도 있으며, 똑같은 경우라고 할지라도 인연 따라 옳고 그름이 다르게 나타날 수도 있다. 그러할진데 내가 옳고 상대는 그르다고 고집하면, 한평생을 싸워도 끝날 기약이 없다.

다툼과 싸움과 언쟁을 종식시키는 방법은 시비를 가려내는 데 있는 것이 아니라, 상대를 이해하고 용서하고 침묵으로써 인내하는 데에 있다. 다투거나 싸울 일이 생기더라도 먼저 침묵하고 인내하라. 그러면서 내 안에서 생겨나는 화와 시비를 다스리라. 그랬을 때 참된 용서와 이해의 지평이 열린다. 언쟁이든 다툼이든 다만 침묵으로 바라보기만 하라. 침묵만이 참되다. 말을 입 밖으로 꺼내고 나면 그 어떤 말이든 옳고 그름의 판단 대상이 된다. 옳고 그른 판단은 곧 다툼과 언쟁을 가져온다. 그러나 침묵의 세계는 시비 분별이 없으며 적정(寂靜)하고 투명하다. 언쟁과 다툼을 참으로 이기고자 한다면 오직 참고 침묵하라. 침묵의 빛을 안으로 거두라. 침묵하면 항상 이긴다.

이 세상에서는 어떻게든 시비를 가려내어 내가 옳고 네가 그르다는 것을 증명했을 때 이기는 것이 되지만, 진리의 세계에서는 옳고 그르다는 시비를 놓아버림으로써 내 안에서 시비를 끊어버렸을 때 참된 승리자가 된다. 전자의 승리는 패자를 괴롭게 하지만, 후자의 승리는 양쪽 모두를 평화로움으로 이끈다.

마음이 고요해야 환히 보인다

우리의 마음은 갖가지 번뇌 망상으로 물들어 있어

마치 파도치는 물결과 같다.

물결이 출렁일 때는 우리의 얼굴이나 모습도

일렁이고 왜곡되어 제대로 보이지 않는다.

그러나 물결이 고요해지면 모든 것이 제 모습을 나타낸다.

저 연못이 바람 한 점 없이 고요하고 맑으면

물밑까지 훤히 보이는 것처럼…

『화엄경』

우리 마음은 한시도 고요하고 잔잔하지 못하고, 번뇌 망상으로 물들어 있다. 늘 파도치는 물결처럼 이리 휘둘리고 저리 휘둘린다. 물결이 출렁일 때는 모든 것이 일렁이고 왜곡되어 보이듯이, 마음이 고요하지 못할 때 우리는 세상을 왜곡하여 보게 된다. 고요히 맑고도 텅 빈 시선으로 있는 그대로를 있는 그대로 보지 못하게 된다. 왜곡되게 보면 왜곡된 견해가 생기고 그 왜곡된 견해에서 왜곡된 판단과 오해와 다툼이 생기며 거기에서 모든 괴로움이 시작된다.

　　그러나 마음이 고요하고 적정할 때, 마음이 잔잔한 호수와 같이 아무런 움직임도 없이 선정에 머물 때, 그때 비로소 물밑까지 훤히 볼 수 있는 참된 지혜가 생겨나고, 이 세상을 왜곡 없이 올바로 볼 수 있는 정견(正見)의 시야가 열린다. 올바로 보았을 때 올바른 견해가 생기고, 올바른 이해가 생기며, 그러한 바른 이해에서 사랑이 생겨난다. 대상과 다투지 않고 왜곡하지 않으며 상대를 상대의 입장에서 온전히 이해해 주는 따뜻한 관점이 열린다.

　　그러기 위해서는 먼저 마음이 고요해야 한다. 마음 안에 어떤 치우친 편견이나 선입견 없이 있는 그대로의 대상을 온전히 포용하고 분별없이 받아들여 줄 수 있는 열린 가슴이 필요하다. 텅 비어 있고 열려있는 자세야말로 온전하게 세상을 바라볼 수 있도록 해 주는 왜곡 없는 필터가 된다.

　　마음이 항상 시비하고 분별하고 움직이며 정신없이 오고갈 때 지혜는 없다. 마음이 고요하여 맑으면 이 세상의 모든 이치가 환하게 드러난다.

사람이 마음을 따르게 하지 말라

마음이 삿되지려고 할 때 그것을 따르지 말고,

마음이 음탕하려 할 때 그것을 따르지 말고

생각이 악해지려 할 때 그것을 따르지 말고,

생각이 부귀해지려 할 때 그것을 따르지 말라.

마음을 단속하여 마음이 사람을 따르게 할지언정

사람이 마음을 따르게 하지 말라.

『불반니원경』

마음을 잘 다스려야 한다. 마음을 잘 조복시킬 수 있어야 한다. 이 세상에서 성공하는 사람과 실패하는 사람의 가장 큰 차이점은 자신의 마음을 얼마나 잘 다스렸는가에 있다. 우리 마음은 항상 욕심에 이끌리고, 감각에 이끌리기 때문에 항상 잘 관찰하고 다스리지 않으면 안 된다. 마음을 항상 비춰보고 있으면 마음이 삿되지려고 하거나 악해지려 하는 흐름을 알아챌 수 있다. 바로 그때 그 흐름을 따르지 말고 다스릴 수 있어야 한다.

나 자신이라는 사람은 아무런 문제를 만들어내지 않는다. 모든 문제를 만들어내는 것은 내 성격이거나, 내 몸이거나, 내 생각, 내 욕구, 내 견해들일 뿐이지 사람 자체가 문제를 만드는 법은 없다. 성격이나 몸이나 생각과 견해들을 나와 동일시하는데서 문제가 생긴다. 그것들은 '나'인 것처럼 보이지만 사실은 나의 실체가 아니다. 우리가 거기에 갇히는 순간 많은 문제들이 생겨난다.

성격도 몸도 생각도 욕구도 견해도 이 모든 것들은 인연 따라 끊임없이 변하는 것일 뿐이다. 고정적이거나 실체적으로 정해져 있는 것이 아니며, 그런 것을 가지고 '나'라고 규정지을 필요도 없다. 이런 것들을 '나'라고 규정짓고 여기에 울고 웃으며 갇혀 있는 것을 아상(我相)이라고 한다. 아상에서 벗어나야 한다. 아상이 만들어내는 수많은 문제들에 일일이 대응할 것도 없고, 그로인해 내 마음이 괴로움을 당할 것도 없으며, 아상이 시킨다고 욕망을 따라갈 것은 더욱이 없다.

마음을 잘 단속하여 아상에 속지 말라. 마음이 사람을 따르게 할지언정 사람이 마음에 휩쓸리지 말라.

'내 마음'이라고 착각하지 말라

마음은 물질이 아니기 때문에 있다고 말할 수 없다.

마음은 쉴 새 없이 활동하고 있으니 없다고 말할 수도 없다.

우리가 바쁘게 마음을 쓰고 있지만

마음은 항상 텅 비어있으니 있다고 말 할 수도 없다.

그렇지만 우리의 마음이 텅 비어 있으나

항상 쓰고 있으니 우리에게 마음이 없다고 말할 수도 없다.

우리의 마음은 있는 것도 없는 것도 아니다.

『아함경』

우리 마음의 실체를 올바로 알아야 한다. 올바로 알아야 올바로 다스릴 수 있고, 마음의 놀음에 놀아나지 않을 수 있으며, 나아가 그 본성을 깨달을 수 있다.

이렇게 항상 마음을 내며 늘 쓰고는 있지만 도대체 마음을 어디에서 찾을 수 있겠는가. 마음을 쓰는 작용을 마음이라고 하더라도 어떻게 쓰인 마음을 내 마음이라고 딱 잡아 말할 수 있는가. 마음이란 항상 변하게 마련이다. 인연 따라 항상 변하는 것이 마음의 실체이다. 선한 마음으로 딱 정해진 바도 없으며, 악한 마음으로 정해진 바도 없다. 인연 따라 어떤 때는 선했다가 또 어떤 때는 악했다가 실체 없이 반복될 뿐이다.

그러니 마음의 실체는 없다. 그러나 없다고 하면 이렇게 쓰고 있는 이 마음은 도대체 무엇인가. 그 마음은 다만 인연의 모임일 뿐이다. 인연 따라 마음을 내는 것뿐이다. 인연이 다하면 마음도 멸하므로 인연 따라 잠시 모여진 것을 보고 마음이라 이름붙일 수는 있겠지만 그 실체는 텅 비어 공(空)한 것일 뿐이다.

이렇게 우리가 항상 내고 있는 이 마음을 우리는 '나' '내 마음' 하고 집착하고 있지만 사실은 실체 없이 인연 따라 오고가는 것일 뿐, 그것이 나는 아니다. 마음이 어떤 인연에게 선을 행한다고 스스로 자랑할 것도 없고, 어떤 상황에서 악을 행한다고 좌절하며 괴로워할 것도 없다. 마음은 다만 인연 따라 실체 없이 선도 악도 행한다. 중요한 것은 그러한 마음이 '내 마음'이라고 착각하여 거기에 얽매이지 않아야 한다는 점이다. 그러니 나에도, 내 마음에도 집착할 바가 없다. 집착하지 않으면 자유롭다.

중도 中道

이 세상의 모든 존재며 존재가 만들어 내는 상황은 완전한 중립이다. 이 세상에는 본래 부터 좋고 나쁘거나, 옳고 그른 것은 없다. 그런 분별이 생겨났다면 그것은 인간 마음 에서 생겨난 것이지 그것이 그러했던 것은 아니다.

사랑하는 법, 미워하는 법

사랑이 있는 곳에 걱정이 생기고,

사랑이 있는 곳에 두려움이 생긴다.

그러므로 사랑하지 않으면 걱정도 두려움도 없다.

사랑은 미움의 뿌리이다.

사랑하는 사람을 만들지 말고, 미워하는 사람도 만들지 말라.

사랑하는 사람은 못 만나서 괴롭고, 미워하는 사람은 만나서 괴롭다.

『법집요송경』

사랑하는 마음이 깊어 가면 갈수록, 그 마음의 애착과 집착이 커 갈수록 우리 안에 미움의 뿌리도 함께 커 간다. 사랑하는 사람과 헤어졌을 때, 혹은 배신을 당했을 때 사랑이 컸던 사람일수록 미움과 증오도 더 크게 마련이다.

사랑은 사랑 그 자체로 남아야 한다. 사랑에 그 어떤 찌꺼기나 흔적을 남기지 말아야 한다. 사랑하는 그것으로 나의 행복은 이미 완성된 것이지, 그 어떤 바람이나 집착을 가지고 있다면 사랑 그 이면에 미움을 동시에 키워가는 것일 뿐이다. 사랑하기 때문에 어떻게 해야 한다고 고정지어 놓으면 그 사랑이 달아났을 때 그 크기만한 미움이 다가온다. 사랑한다는 그 마음 자체로써 사랑은 완성된 것이지, 사랑하기 때문에 상대를 내 사람으로 만들어야 한다면 그것은 사랑이 아니라 집착이다.

이 세상에 가장 아름다운 것이 사랑이다. 그러나 온전한 사랑은 아무나 할 수 있는 것이 아니다. 사랑은 온전히 주는 것이지 받는 계산이 깔리는 것이 아니다. 그랬을 때 사랑은 사랑 그 자체이지 미움의 뿌리를 키우지 않게 된다. 사랑 그 자체로써 사랑하자.

미움도 마찬가지다. 인연 따라 미워하는 사람이 생길 수는 있지만 미움에 결박당하고, 미움에 몸서리칠 정도가 된다면 미움은 나를 집어삼키고 만다. 미움이란 미움의 상황이지 그 사람 자체가 미움인 것은 아니다. 그 상황이나 인연을 탓할지언정 사람을 탓하지는 말라. 그랬을 때 미움은 다만 신기루처럼 잠시 일어났다 인연이 다하면 사라지지만, 사람을 미워하게 되면 그 미움은 증오를 낳고 원한을 낳고 복수를 낳으며 끝까지 가고 만다.

외로움 속에 사랑이 꽃핀다

백 명의 사랑하는 사람을 가진 자에겐

백 가지 괴로움과 슬픔이 뒤따른다.

그러나 사랑하는 사람이 없는 자에겐 괴로움이 없다.

그런 사람에겐 슬픔도 없고 번민도 없다.

『우다나』

백 명의 사랑하는 사람을 가지면 백 가지 괴로움과 슬픔이 따른다. 백 가지 애착하는 일을 가지고, 백 가지 이뤄야할 바램과 욕망을 가지며, 백 가지 집착을 가지면 백 가지 아니 그 이상의 괴로움이 따른다. 애착이든 바람이든 집착이든 욕망이든 그것은 내가 그 대상을 사랑한다는 말. 사랑으로부터 괴로움이 싹튼다.

내가 사랑하는 것이 물질적인 것이든, 정신적인 것이든, 혹은 사람이든, 과연 얼마나 되는가를 비추어 보라. 만약 내가 지금 이 자리에서 죽게 된다고 했을 때, 도저히 '그것' 때문에 죽지 못할 것이 무엇인가. 자식, 아내, 돈, 명예, 일, 사랑... 바로 그것이 내가 사랑하는 것이고, 집착하고 있는 것이다. 또한 바로 그것이 나를 괴로움으로 몰고 가는 것들이기도 하다. 사랑하는 것에 집착이 있고, 집착이 있는 곳에 괴로움은 생겨나기 때문이다. 사랑하는 것을 사랑하되 그 사랑을 '내 것'으로 만들려고 애쓰지 말라. '내 것'이 되었더라도 거기에 집착하지 말라.

본래 이 세상에는 '내 것'이 없고, '사랑할 것'도 없으며, '미워할 것'도 없다. 어느 하나 마음 둘 곳이 없는 텅 빈 공의 세상일 뿐이다. 외로움에서 벗어나기 위해 사랑을 택하곤 하지만, 사실 모든 이들의 근본 마음에는 때때로 허한 외로움이 자리 잡고 있어야 한다. 본래 어디에 의지해 머물 곳이 본질적으로 없기 때문에 인간에게는 근원적인 외로움이 있는 것이고, 그 외로움을 정면으로 마주했을 때 참된 본연의 사랑이 움튼다. 집착이 개입되지 않은 맑고 청정한 보살의 사랑이 꽃처럼 피어나는 것이다.

즐거움도 놓고 괴로움도 놓아라

지혜로운 사람이라고

고락의 감정을 느끼지 않는 것은 아니다.

사실은 어리석은 사람보다 감정적으로 더 예민할 수도 있다.

다만 지혜로운 사람은

즐거움을 만나도 함부로 행동하지 않고

괴로움에 부딪쳐도 그로인해 공연히 근심을 더하지 않아

괴로움과 즐거움의 감정에 구속받지 않고

그 모두를 놓아버릴 줄 알아 감정의 굴레를 벗어나 자유로울 뿐이다.

『잡아함경』

144

지혜로운 사람과 어리석은 사람의 차이는 괴로움과 즐거움이 왔을 때 그 감정에 얼마나 크게 얽매이고 휘둘리는가의 차이에 있다. 지혜로운 이는 즐거워도 그리 크게 호들갑 떨지 않고, 괴로워도 그리 크게 근심하지 않는다. 즐겁고 괴로운 그 두 가지 극단을 모두 벗어나 자유롭다. 즐거울 때 많이 들떠 좋아하는 사람일수록 괴로울 때도 많이 휩쓸리고 괴로워하는 법. 즐겁고 괴로운 그 양 극단의 감정에서 벗어날 수 있어야 참된 자유가 찾아온다.

　　지혜로운 사람이라고, 깨달음을 얻은 큰스님들이라고 고락의 감정을 전혀 느끼지 않는 것은 아니다. 오히려 중생들보다 아주 작고 여린 손짓 하나 하나에도 더 깊은 즐거움과 아픔을 느낄 수도 있다. 정신이 예민하며 명징하게 깨어있기 때문에 아주 작은 아픔에도 내 일처럼 함께 아파하고 아주 작은 기쁨에도 함께 기뻐한다. 그러나 지혜로운 이는 즐거움과 괴로움을 당할지라도 거기에 빠져 헤어나지 못하거나, 함부로 행동하거나, 그러한 감정에 구속받지는 않는다. 인연 따라 즐거운 일이 있으면 그 즐거움을 즐기고, 아픈 일이 있으면 함께 눈물 흘릴지라도 그 순간이 다하면 모든 감정을 놓아버림으로써 굴레에 갇히지 않고 놓여난다.

　　지혜로운 이는 그 순간이 괴로우면 오직 그 순간만 괴로울 뿐이고, 그 다음 순간은 다시금 고요한 평화로 돌아오지만, 어리석은 이는 괴로울 때도 괴롭고 괴로움이 지나가도 여전히 괴롭다. 오직 순간순간에 삶의 의미를 두라. 지난 순간의 흔적과 찌꺼기는 지난 순간이 감과 동시에 함께 던져버리고, 다음 순간은 온전히 그 다음 순간에 완전한 주의를 기울이라.

더럽지도 깨끗하지도 않다

사람들은 흔히 깨끗하고 더러움에 차별을 둔다.

그러나 사물의 본성은 깨끗한 것도 더러운 것도 없다.

우리 마음이 집착하기 때문에

깨끗한 것을 가까이하고 더러운 것을 멀리하는 것이다.

그러므로 집착하는 마음, 편견을 떠나면 모든 존재는 깨끗하다.

『대품반야경』

애착이 있으면 좋고 나쁨을 가리게 되고,

좋고 나쁨을 가리게 되면 더욱더 애착하는 마음이 커진다.

좋고 나쁨을 가림과 애착하는 것은

서로 고리가 되어 더욱 얽히고 깊어진다.

그러므로 애착으로부터 자기 자신을 잘 다스려

탐욕에 물들지 않도록 하라.

『아함경』

깨끗하고 더럽다는 차별, 좋다 싫다는 차별, 옳다 그르다는 차별은 다 우리 마음의 집착심이 만들어 낸 것일 뿐이다. 본래 모든 존재는 부처님의 성품이고 신의 성품으로 차별이 없다. 우리를 괴롭히는 것은 차별에서 만들어진다. 좋다 싫다는 차별에서 좋은 것을 선택하고 싶은 집착과 욕구가 일어나고, 그것을 얻지 못했을 때 괴로운 것이다. 깨끗하고 더럽다는 차별에서 깨끗함을 선택하려는 분별이 일어나고 그 마음이 세상을 둘로 갈라놓는 것이다.

이 세상의 모든 존재며 존재가 만들어 내는 상황은 완전한 중립이다. 이 세상에는 본래부터 좋고 나쁘거나, 옳고 그른 것은 없다. 그런 분별이 생겨났다면 그것은 인간 마음에서 생겨난 것이지 그것이 그러했던 것은 아니다. 세상은 언제나 텅 비어 조용한데, 그 조용한 무분별의 세상을 인간이 더럽혀 놓았고, 인간의 차별심이 세상을 선과 악으로 나누어 놓았다. 그래놓고 스스로 만들어 놓은 차별에 스스로 걸려 즐겁고 괴롭다는 관념을 만들어냈고, 행복과 불행이라는 관념을 만들어 내고 있다.

이 세상을 둘로 나누어 놓고 그 중 하나를 선택하는 일, 그것이 사람들이 하는 일의 전부다. 그것이 모든 괴로움의 시작이라는 것은 모른 채. 둘로 나누는 것만 떠나면 세상은 언제나 평화롭고 고요하다. 차별심이 곧 중생심이고, 무분별과 무차별이 바로 모든 깨달음의 시선이다. 일체 모든 차별이 있다면 그 차별심을 있는 그대로 알아차리라. 알아차리면 차별은 사라진다. 차별을 떠나고, 편견을 떠나면 모든 존재는 깨끗하다.

절대적으로 옳은 것은 없다

부처를 올려다보지도 않고 중생을 내려다보지도 않는다.

내 밖에 산하대지가 있음을 보지도 않고

내 안에 보고 듣고 느끼고 아는 것을 인식하지도 않는다.

마치 죽은 사람이 모든 것을 버려 고요하듯이

좋다 나쁘다는 일체 분별을 모조리 떠나서

세상만사 모든 것에 분별이 없어진 다음에야

세상만사와 하나 되어도 어긋남이 없게 된다.

『벽암록』

부처와 중생이라는 것, 창조주와 피조물이라는 것도 하나의 분별이고 어리석음일 뿐이다. 내 밖의 산하대지도 내 안의 마음도 결국에는 다 분별없는 '한마음'의 나툼일 뿐이다. 무엇이든 나누는 것은 진리에서 멀어지게 만든다. 안과 밖이라는 분별, 부처와 중생이라는 분별, 좋다 나쁘다는 일체 모든 분별을 모조리 떠나야 그 때 이 세상과 내가 하나가 될 수 있다. 그 때 내가 그대로 부처가 되는 것이고, 이 세상 모두가 그대로 하느님의 모습이 되는 것이다.

똑같은 일이 어떤 곳에서는 선이지만, 어떤 곳에서는 악이 된다. 중생도 부처도 똑같은 행동을 할 수 있다. 똑같이 먹고, 똑같이 걷고, 똑같은 삶을 산다. 어떤 특정한 행동이나, 어떤 특정한 일에 진리가 담기는 것은 아니다. 만약 어떤 사람이 보편적인 진리만을 행하고, 누가 보더라도 항상 옳은 일만을 행하고 살려고 했다면 그 사람은 어떤 행동도 할 수 없을 것이다. 절대적인 선, 절대적인 옳은 행동은 없다. 어떤 행동도 어떤 측면에서는 옳고 어떤 측면에서는 틀릴 수밖에 없는 상대세계를 살고 있는 우리가 아닌가. 중요한 것은 모든 분별을 떠나는 일이다. 모든 분별을 떠나 다만 비우고 관찰하는 가운데 내가 해야 할 일을 할 수 있을 뿐이다.

이 세상을 둘로 나누는 그 어떤 것도 우리를 진리로 인도할 수 없다. 이 세상은 참된 하나일 뿐이다. '나'라는 것은 없으며, '너'라는 것도 없다. 오직 '하나'만 있을 뿐. 오직 부처님만 있고, 불성만 있고, 영성만 있다. 오직 이름 없는 그 하나만이 있다. 그러니 우리가 행할 수 있는 최고의 수행은 무분별에 이르는 것이다.

땅 처럼 다 받아들여라

대지는 깨끗한 것도 받아들이고 더러운 똥과 오줌도 받아들인다.

그러면서도 깨끗하다 더럽다는 분별이 없다.

수행하는 사람도 마음을 대지와 같이 해야 한다.

나쁜 것을 받거나 좋은 것을 받더라도

조금도 좋아하거나 싫어하는 분별을 내지 말고

오직 자비로써 중생을 대해야 한다.

『증일아함경』

사실 대지는 더럽고 깨끗함을 모른다. 더럽다 깨끗하다는 분별은 우리 인간이 만들어 놓은 어리석은 말일 뿐. 본래부터 분별이 없으면 그 어떤 것도 받아들이지 못할 것이 없다. 그렇기에 대지는 더럽고 깨끗하다는 분별없이 똥과 오줌도 받아들이고, 일체 모든 것들을 받아들인다.

수행을 한다는 것은 일체 모든 분별을 쉰다는 말이고, 일체 모든 분별을 쉬었을 때 그 어떤 것도 받아들일 수 있다. 나쁜 것을 받더라도 싫어하지 않고, 좋은 것을 받더라도 애착하지 않아 좋고 나쁜 양 극단을 버리고 모두를 자비로써 받아들이는 것이야말로 모든 수행자의 길이다.

좋아하고 싫어하는 마음을 버리라

지극한 이치를 깨닫는 것은 어렵지 않으니

오직 분별하고 선택하는 마음만 버리면 된다.

단지 싫어하고 좋아하는 두 마음을 가지지 않으면

모든 이치를 꿰뚫어 환히 알게 된다.

털끝만큼이라도 분별하는 마음을 가지면

하늘과 땅 만큼 이치와 멀어지게 되나니

만약 이 자리에서 깨닫고 싶거든

좋아하고 싫어하는 마음을 가지지 마라.

『신심명』

지극한 이치라고 하니 너무 어렵게 생각할 것 없다. 이 세상에 가장 지극한 진리는 좋고 나쁘다고 하는 이 두 가지 분별을 여의는 것으로 족하다. 좋고 나쁘다는 분별, 옳고 그르다는 분별이 있으면 좋은 것, 옳은 것을 선택하고 애착하게 되며, 나쁘고 그른 것은 배척하고 미워하게 된다. 이렇게 분별이 시작되면 연이어 걷잡을 수 없는 폭류가 되어 애착과 미움의 거리는 하늘과 땅만큼 멀어지고 만다. 그러나 애착하는 것도, 미워하는 것도 결국에는 모두가 괴로움일 뿐이다.

사랑해도 괴롭고 미워해도 괴롭다. 일체의 모든 분별은 이와 같이 결국 괴로움을 남기고 번뇌를 남길 뿐이다. 만약 지금 이 자리에서 지극한 이치를 곧장 깨닫고 싶다면 그것은 너무 어려운 것이 아니니 다만 분별하고 선택하는 마음만 버리면 된다.

분별심을 버려 좋아하고 싫어하지 않으려면 다만 묵묵히 지켜보아야 한다. 생각은 언제나 대상을 판단하고 분별할 뿐이지만, 지켜봄의 수행은 모든 판단을 중지시킨 채 다만 있는 그대로를 있는 그대로 보도록 이끈다. 양 극단의 좋거나 싫은, 옳거나 그른 생각이 일어날 때 즉각 그 생각을 지켜보라. 그 생각을 지켜보지 않으면 그 생각은 곧장 어느 한 쪽을 선택하고 집착할 것이고 그로인해 우리 마음은 괴로움으로 치닫게 될 것이다.

그러나 생각과 나를 동일시하지 않은 채, 생각과 판단이 일어날 때 저 멀리 떨어져서 지켜보는 사람처럼 올라오는 모든 생각을 주시할 때 모든 시비와 분별은 끊어지고, 대상에 대한 치우침 없는 이해가 생겨난다. 치우침 없는 이해는 우리 안의 본연의 지혜를 꽃피우게 된다.

번뇌를 끊겠다는 생각을 버려라

어리석은 이는 번뇌를 끊고 열반을 얻으려 하지만

번뇌를 끊으려는 집착 때문에 오히려 열반을 얻지 못한다.

지혜로운 수행자는 번뇌가 실체가 아님을 알기에

번뇌를 끊겠다는 생각조차 놓아버려 항상 열반에 머문다.

만약 열반을 얻으려는 사람이 삶을 죽음과 다르다고 보고,

번뇌를 열반과 다르게 본다면 그는 분별에 빠지고 만다.

번뇌를 열반과 다르다고 보지 않아야 열반에 들 수 있다.

『달마대사 오성론』

참선 수행을 하다보면 끊임없이 올라오는 온갖 번뇌와 생각들 때문에 '나는 수행에 자질이 없는가 보구나' 하고 미리부터 포기하는 이들이 많다. 그러나 이처럼 끊임없이 올라오는 번뇌들은 아무런 잘못이 없다. 그것을 문제 삼지 말라. 그것 때문에 수행을 포기하거나, 내 나약한 정진력을 탓할 것도 없다.

어리석은 수행자는 번뇌와 싸워 이기려 애쓰지만 지혜로운 수행자는 번뇌와의 모든 전쟁을 그만두고, 일체의 번뇌들을 그저 내버려두고 다만 지켜볼 뿐이다. 번뇌를 끊어 없애겠다는, 그래서 번뇌와의 전쟁에서 승리를 하려는 마음이야말로 얼마나 큰 욕망이며 투쟁인가. 그것이야말로 탐진치 삼독을 그대로 보여준다.

열반은 열반에 방해가 되는 모든 번뇌들과의 전쟁에서 승리하는 방법으로는 얻을 수 없다. 오히려 수행 중에 번뇌가 올라온다는 것을 수행이 되어가고 있다는 긍정적인 신호로 받아들이라. 번뇌는 매우 자연스러운 것이다. 그러니 번뇌와 하나가 되고, 받아들이고, 사랑하면서 그들이 어떻게 활동하고 있는지, 어떻게 생겨나고 없어지는지를 자비롭지만 분명한 시선으로 비추어 보기만 하라.

번뇌와 다투지도 말고, 번뇌를 기다리지도 말라. 좋아하거나 싫어하지도 말고, 붙잡거나 버리려 애쓰지도 말며 다만 번뇌가 거기에 있다는 사실을 분명하게 알아차리고 관찰하라. 그것이면 족하다. 번뇌를 명징하게 살펴볼 때 그 모든 번뇌의 실체를 깨닫게 된다. 번뇌는 수행을 방해하는 마장이 아니라 내 수행의 벗이었음을. 번뇌가 곧 열반과 다르지 않은 것이었음을 깨닫게 된다.

칭찬과 비난에 흔들리지 않는다

단단한 돌은
아무리 바람이 불어도 흔들리지 않듯이
현명한 사람은
칭찬이나 비난에 흔들리지 않는다.
『법구경』

말과 행동과 생각하는 바가
그 누구에게도 거슬리지 않는 사람,
남들이 존경해도 우쭐대지 않고 교만하지 않는 사람,
남들이 비난해도 흔들리지 않는 사람,
그는 이 세상에서 가장 올바른 삶을 살고 있는 것이다.
『숫타니파타』

남들의 칭찬과 관심을 받기를 바라지 말라. 칭찬과 관심을 받으면 기쁘지만, 관심 받지 못하면 좌절하는 삶이란 남들의 말에 휘둘리는 나약한 자아를 대변할 뿐이다. 칭찬을 받거나 관심어린 시선을 받을 때를 조심할 줄 알아야 한다. 바로 그때가 위험한 순간이다. 그것은 내 중심을 빼앗아 가기 때문이다. 중심 잡힌 대장부 수행자는 외부적인 칭찬이나 비난에 휘둘리지 않으며, 언제나 자기중심에 뿌리를 두고 있다.

칭찬에 크게 기뻐하는 사람일수록 비난에 크게 낙담하는 법이다. 그러나 칭찬에 크게 들뜨지 않으며 자신을 지키는 자는 설사 큰 비난을 받더라도 마찬가지로 거기에 휩쓸리지 않는다. 칭찬을 기대하지 않고, 비난을 싫어하지 않으며, 칭찬과 비난이 오더라도 좋아하지도 싫어하지도 않아 받아들일 수 있어야 한다.

비난을 받기 싫다면, 칭찬을 받고 싶어 하는 그 마음부터 놓아야 한다. 칭찬을 얻고자 하는 마음을 놓으면, 자연히 비난을 피하고 싶은 마음도 놓여진다. 양 극단은 결국 하나의 뿌리이기 때문이다. 칭찬과 비난 그 어떤 것이라도 다 받아들이고, 내 안에서 다 녹여낼 수 있어야 한다. 칭찬을 듣더라도, 존경을 받더라도 크게 우쭐할 것 없고, 비난을 듣더라도 크게 좌절할 일은 아니다.

'나 자신' 스스로 중심이 잡혀 있는 사람이라면 남들의 말에 휘둘릴 것이 없다. 뿌리 깊은 나무나 큰 산은 아무리 비바람이 불더라도 흔들리지 않듯, 자기중심이 딱 잡혀 있는 대장부 수행자라면 외부적인 그 어떤 말이나 경계에도 휘둘리지 않고 당당할 수 있다.

비판하는 자를 구하라

남의 착한 일은 드러내 주고 허물은 숨겨 주라.

남의 부끄러운 점은 감추어 주고 중요한 이야기는 발설하지 말라.

작은 은혜라도 반드시 갚아야 할 것이며,

자기를 비판하는 사람에게도 항상 착한 마음을 가져야 한다.

자기를 비판하는 자와 자기를 칭찬하는 자가

똑같이 괴로워하거든 먼저 비판하는 자를 구하라.

『우바새계경』

함부로 다른 사람의 허물을 말하지 말라.

언젠가는 반드시 나에게로 되돌아와 나를 손상시킬 것이다.

만일 다른 사람을 비방하는 소리를 듣거든

마치 나의 부모를 헐뜯는 것처럼 여겨라.

오늘 아침엔 비록 다른 사람의 허물을 말했지만

내일엔 반드시 나의 허물을 말할 것이다.

『자경문』

남이 착한 일을 했다면 자꾸 드러내 줌으로써 그 선행이 더욱 드러날 수 있도록 하라. 선행은 스스로 드러내면 허물이 되지만, 그 선행을 보고 감동한 이가 드러내 주고 칭찬해 준다면 그 선행은 더욱더 자라고 널리 퍼져 이 세상에 보다 많은 선행의 씨앗을 퍼뜨릴 것이다. 선행이 드러나면 선행을 행한 이는 더욱더 선행을 실천하게 되고 타인들은 그 선행을 찬탄함으로써 본인 안에 있던 선행의 씨앗들을 발견하게 된다. 선행은 끊임없이 또 다른 선행을 부르고, 도미노처럼 퍼져간다.

그러나 남의 허물이나 부끄러운 점이 있다면 반드시 감추어 주라. 허물이나 부끄러움은 본인이 스스로 드러내면 공덕이 되고, 자자와 포살의 참회가 되지만, 본인 스스로 드러낼 준비가 되어 있지 않았는데도 남에 의해 허물이 드러나면 큰 좌절이 되고, 아픔이 되고 만다. 본인이 본인의 허물을 드러내면 그 허물이 작아지지만, 타인이 허물을 드러내면 그 허물은 더욱더 커진다.

남의 허물이 있다면 밖으로는 반드시 감추어 줄 것이며, 허물을 지적해 줄 때는 반드시 단 둘이 있을 때 그 허물에 대한 날카롭지만 자비로운 지적을 해 주어야 한다. 보통 사람들은 자비심으로 지적해 주는 것이 아니라, 성냄과 원망하는 마음으로 지적을 해 주기 때문에 그것이 도리어 부메랑이 되어 나에게 돌아온다. 자비심으로 비판해 주고, 또한 그러한 상대의 비판은 소중한 감로수처럼 받아야 한다. 수행자라면 마땅히 칭찬해 주는 사람보다 비판해 주는 사람에게 고마움을 느껴야 한다. 자비로운 비판은 내 삶의 성숙을 만들어 주기 때문이다.

비방과 칭찬에 흔들리지 말라

만약 온갖 방법으로 상대가 너희를 헐뜯더라도
너희들은 성냄을 이기지 못하고 저들을 해쳐서는 안 된다.
그들이 우리를 비방한다고
우리 역시 분노하여 그들을 해치려 한다면
그것은 우리 스스로 저들에게 지는 것이다.
또한 그들이 우리를 칭찬한다고 해서
너희들이 기뻐하고 들떠서도 안 된다.
공연한 칭찬에 마음이 들뜨는 것도
우리 스스로가 저들에게 지는 것이니라.
『장아함경』

상대방에게 비난의 소리를 들을 때, 맞받아 대꾸하지 말라. 다만 그 마음을 가만히 비추어 보라. 내면에서 올라오는 화와 원망의 소리 없는 소리를 분별없이 바라보라. 만약 분노하여 그들을 해치거나 맞받아쳐 함께 욕을 하고 헐뜯는다면 상대에게 지는 것이다. 그러나 묵언을 지키고, 마음의 빛을 안으로 거두어 속 뜰의 울림을 비추어 볼 수 있다면 상대에게 뿐 아니라 나 자신에게도 승리하는 것이다. 비난을 받는 순간 내 안에서는 어떤 마음이 올라오는가, 어떤 느낌이 일어나는가, 내 호흡에는 어떤 변화가 일어나는가, 그 순간을 놓치지 않고 살피고 주시하는 일이야말로 생생한 수행이요 공부거리가 된다.

모든 비난은, 심지어 그것이 나를 모함하려는 것이라고 할지라도, 내가 조금 더 나아질 수 있는 영적 성숙의 기회다. 비난 속에서 자신의 성장을 도모하는 이와 비난 속에서 좌절하고 성내는 이, 당신은 어떤 쪽을 선택할 것인가.

상대가 칭찬을 할 때도 마찬가지로 가만히 올라오는 기쁜 마음, 우쭐한 마음을 비추어 보라. 칭찬에 마음이 들떠 있음을 가만히 지켜보라. 그렇지 못하고 칭찬에 휘둘려 들떠 있게 된다면 똑같이 비난에 휘둘리는 것처럼 상대에게도 지고 나 자신에게도 지는 것이다. 칭찬에 휘둘리지 않아야 비난에도 흔들리지 않을 수 있다.

사실은 내 존재의 성장을 위해서라면 칭찬보다 비난이 더욱 좋다. 또한 맑은 수행자라면 비난보다 칭찬을 더욱 경계해야 한다. 그러나 더 좋은 것은 비난과 칭찬을 분별하지 않고 다만 바라보기만 하는 것이다. 주시자에게는 비난도 칭찬도 문제되지 않는다.

나쁜 소문을 들었을 때

비록 나쁜 소문이 퍼졌다 하더라도

수행자는 그것을 기꺼이 참을 수 있어야 한다.

뜬소문으로 고민할 필요도 없고,

그로인해 스스로 괴로워할 것도 없다.

어떤 소리를 듣고 두려워한다면

숲 속의 짐승들과 무엇이 다를 것인가.

무엇을 들었다고 가볍고 성급하다면 큰 뜻을 이룰 수 없다.

공연한 비방은 침묵으로 참고

나쁜 소문을 마음에 두지 말고 놓아버려라.

『잡아함경』

한평생 세상을 살면서 나쁜 소문이나 비방을 한 번쯤 들어보지 않는 사람이 있는가. 아무리 성자라고 할지라도, 아무리 조심스럽게 산다고 할지라도 비방을 듣지 않을 수는 없다. 나쁜 소문이나 비방이 없기를 바란다는 것 자체가 욕심이다. 사람은 때때로 칭찬도 받아야 하지만, 마찬가지로 때때로 비난도 듣고 나쁜 소문에도 시달려 봐야 어느 극단에도 치우치지 않을 수 있는 자기중심을 잡을 수 있는 힘이 생긴다.

비난을 두려워하지 말라. 뜬소문에 괴로워하지도 말라. 그런 나쁜 소문에 휘둘린다는 것은 얼마나 짐승스러운가. 소리에 놀라지 않는 사자처럼, 그물에 걸리지 않는 바람처럼, 진흙에 물들지 않는 연꽃처럼 세상의 비방과 칭찬에서 놓여나라. 비방이 없기를 바랄 것이 아니라 비방이 오더라도 그것을 받지 않아 휘둘리지 않을 수 있는 정신을 지키라.

사람을 죽이려고 음식에 독약을 타 진수성찬을 차린다고 하더라도 초대받은 자가 그 음식을 먹지 않는다면 그 음식은 모두 음식을 차린 자의 것이다. 이처럼 부처님께서는 타인이 욕설과 비방을 하더라도 그것을 내가 받지 않으면 그것은 모두 욕한 자의 것일 뿐이라고 하셨다. 독이 든 음식을 먹지 않듯 허망한 뜬소문이나 비방은 내가 붙잡아 가지지 않으면 그 모든 것이 비방한 자의 것일 뿐이다. 공연한 비방이나 뜬소문은 받지 말고 놓아버리라.

무엇을 들었다고 금방 좋아하거나, 금방 낙담한다면 그러한 가벼움과 성급함이 큰 뜻을 이루지 못하게 한다. 모든 비방을 침묵으로 참고 나쁜 소문을 마음에 두지 말고 빨리 놓아버려라.

수행할 때의 중도

"스로나야, 너는 전에 거문고를 타 본 적이 있느냐?"

"예, 부처님. 집에 있을 때 거문고를 타 봤습니다."

"스로나야, 어떻더냐?

거문고의 줄을 너무 팽팽하게 조이면 좋은 소리가 나더냐?"

"아닙니다. 부처님."

"그러면 거문고 줄을 너무 느슨하게 하면 좋은 소리가 나더냐?"

"아닙니다. 부처님"

"스로나야, 거문고 줄이 너무 팽팽하지도 않고

느슨하지도 않게 해야 좋은 소리가 나지 않더냐?"

"그러하옵니다. 세존이시여."

"바로 그것이다.

너무 부지런히 정진하면 들뜨고, 너무 적게 정진하면 게을러진다.

알맞게 정진하여 무리하지 않도록 해라."

『사분율』

166

세상 모든 일의 실천에는 중도의 법칙이 있다. 그 어떤 일도 너무 과하거나 너무 못 미치면 좋지 않다. 공부도 그렇고, 운동도 그렇고, 일도 그렇고, 수행도 그러하며, 세상사 모든 일이 너무 과해도 안 되고, 너무 부족해도 안 된다.

아무리 좋은 음식일지라도 과해서 좋은 것은 없으며, 아무리 좋지 않은 음식일지라도 그 나름대로의 필요와 존재 이유가 있게 마련이다. 아무리 좋은 운동일지라도 과하게 되면 몸에 무리를 가져오며, 그렇다고 운동을 너무 하지 않으면 몸이 허해져 병이 생기고 만다.

수행이나 명상, 기도 같은 성스러운 종교적인 의식도 마찬가지다. 제 아무리 성스럽고 고귀한 의식일지라도 그것이 과하면 성스러움을 잃고 만다. 모든 것은 거문고 줄을 조율하듯 너무 팽팽하지도 그렇다고 너무 느슨하지도 않게 중도를 지켰을 때 최상의 조화를 이룬다.

아마도 이 세상에서 유일하게 불교라는 종교는 불교 그 자체에도 집착하지 않도록 이끌고 있다. 불교라는 틀에 얽매이지 말고, 불교 그 자체에 집착하지 않으며, 수행에도 너무 집착을 하면 뜻을 이루기 어려움을 설하고 있다. 그것이 아무리 진리라고 할지라도 마음이 진리에 얽매여 있고, 결박되어 있다면 그것은 진리의 성품을 잃고 만다. 그래서 참된 진리는 진리 그 자체에도 집착되어 있지 않으며, 참된 불교는 불교 그 자체에 얽매이지 않고, 참된 수행은 수행이라는 그 말에 얽매여 있지 않은 것이다. 아무리 좋은 것도 과하면 중도에서 어긋난다.

평화

平和

홀로 존재한다는 것, 평안을 찾는다는 것은 단순한 고립이 아니다. 그것은 끊임없이 외부에서 의지할 것을 찾아 헤매는 우리의 의존적인 마음에 독립적인 자각을 심어 주는 것이며, 마음의 중심을 세움으로써 휘둘리지 않는 뿌리를 내리도록 하는 것이다.

홀로 있을 때 즐겁다

홀로 앉아 있어라.

수행자의 길은 혼자 가는 길이다.

홀로 있을 때 즐거움이 찾아온다.

『숫타니파타』

수행자의 길은 혼자 가는 길이다. 우리는 지금까지 누군가와 함께 있을 때 행복을 느끼고, 포근함을 느끼며, 사랑을 느껴왔다. 혼자가 되면 늘 불안하고 어쩔 줄 몰라 당황하곤 한다. 그러나 참된 내면의 행복은 혼자 있을 때 찾아온다. 사람들과 함께 있을 때 행복한 것, 돈이나 명예, 권력 등이 나와 함께 할 때 행복을 느끼는 것, 수많은 물질적인 소유를 통해 행복을 느끼는 것은 거짓이고 유한하다. 홀로 있으면서도 스스로 당당하게 걸을 수 있다면, 그 어떤 외적인 소유며, 사람이며, 물질에도 휘둘리지 않는 호젓한 정신을 소유하게 된다. 혼자 있을 때 사실은 전체와, 전 우주와 함께 있게 되는 것이다.

홀로 있다는 것은 철저하게 다른 것들의 영향권에서 벗어나는 것을 의미한다. 그렇다고 고립된 상태를 의미하는 것은 아니다. 다른 외부적인 영향으로부터 마음이 자유로워 그 어떤 휩쓸림도 없이 순수하게 나 자신과 직접적으로 대면한다는 것을 의미한다. 홀로 존재하며 예민한 깨어있음으로 내가 세상을, 자연을 마주하는 것을 느끼고 인식하며 이해하게 될 때 참된 지혜로움에 눈뜨게 된다.

나 자신이 누구인지, 불교가 무엇인지, 지혜가 무엇인지를 깨닫고자 한다면 몸도 마음도 영혼도 철저히 혼자 있을 줄 알아야 한다.

혼자 있을 때 참된 즐거움이 무엇인지를 깨닫게 된다. 누군가와 함께 할 때의 즐거움이나, 어떤 소유물과 함께 할 때의 즐거움과는 비교할 수조차 없는, 다른 그 어떤 상태에서도 깨닫지 못할 즐거움이 있다.

외로운 삶을 부러워한다

우리는 숲 속에서 외롭게 홀로 살고 있다.

숲 속에 나뒹구는 나뭇잎 같이.

하지만 많은 사람들은 우리를 부러워한다.

마치 지옥에 떨어진 사람들이

천상에 사는 사람을 부러워하듯.

『장로계경』

174

숲 속의 나뭇잎처럼 외롭게 홀로 살라. 그러나 외롭게 홀로 존재한다는 것이 그리 쉬운 일인가. 그것은 올곧은 수행자의 무문관 수행처럼이나 힘겨운 일이 될 수도 있다.

몸도 마음도 혼자가 되어 살아갈 때 첫 느낌은 지독한 외로움이다. 외로움에 몸서리쳐지는 고독감을 피해 달아나고 싶고, 누군가 다른 이를 만나고 싶고, 다른 무언가에 의지하고 싶은 마음이 들끓는다. 몸은 혼자 있지만 마음은 끊임없이 무언가를 갈구하고 찾아 나서곤 한다. 그러나 바로 그 마음을 온전히 지켜봄으로써 조복시키고 나면 이내 마음은 평안을 되찾고 홀로에 익숙해짐을 발견할 것이다.

홀로 존재한다는 것은, 그래서 평안을 찾는다는 것은 단순한 고립이 아니다. 그것은 끊임없이 외부에서 의지할 것을 찾아 헤매는 우리의 의존적인 마음에 독립적인 자각을 심어주는 것이며, 끊임없이 외부 세계에서 영향을 받던 삶에 마음의 중심을 세움으로써 휘둘리지 않는 뿌리를 내리도록 하는 것이다.

이처럼 숲 속에서 외롭게 홀로 산다는 것은 나 자신과 마주할 수 있는 소중한 인연이다. 지금까지 우리는 수없이 내 바깥에만 관심을 가지고 살았고, 다른 사람에만 눈을 돌리며 살아왔지, 한 번도 나 자신과 침묵으로 마주하거나, 나 자신과 함께 길을 거닐은 적이 없다. 다른 사람과의 비교에서 오는 우등과 열등에 가슴 졸이며 살아왔다. 그러나 홀로 있을 때 잘난 것도 없고, 못난 것도 없으며, 분별할 것 없이 그대로 평화를 찾는다. 홀로 있을 때 비로소 맑은 영혼의 참된 나를 만날 수 있다.

네 가지 고독

사람에게는 네 가지 고독함이 있다.

태어날 때도 혼자서 오고,

죽을 때도 혼자서 가며,

괴로움도 혼자서 받고,

윤회의 길도 혼자서 간다.

〈근본설일체유부비나야잡사〉

업을 짓는 것도 나 자신 혼자이고, 업을 받는 것도 나 자신이 혼자서 받는다. 태어나고 늙고 병들고 죽는 괴로움의 길도 혼자서 가고, 윤회의 수레바퀴도 혼자서 돌고 돈다. 이생에 부모님을 만나고, 가족을 만나고, 이성을 만나고, 친구를 만난다고는 하지만 그것도 잠시 인연 따라 오고갈 뿐, 결국에는 혼자서 걷고 있는 것이다. 누구나 이생에 올 때 혼자 왔고, 혼자 살아가며, 갈 때도 혼자 갈 수 밖에 없는 것이다.

'혼자' 임을 받아들이라. 거기에서 벗어나려고 애쓰지 말라. 혼자서 독립적인 자기 삶을 살 수 있어야 한다. 자기답게 자기 자신의 삶을 그려 나가는 것이야말로 나에게 주어진 내 삶의 몫을 온전히 해 나가는 수행자의 길이다.

혼자서 우뚝 설 수 있을 때 비로소 참된 평화를 얻는다. 남들과 함께 있음으로써 행복을 찾고자 한다면 그것은 항상 하지 않으며 늘 불안하다. 심지어 돈과 명예와 권력과 온갖 소유물과 함께 있는 것에서 행복을 찾고자 한다면 그 또한 영원하지 않으며 공허하다.

만나면 반드시 헤어지는 것이 세상사 인연이니, 혼자서 고독한 길을 당당하게 걸을 수 있어야 한다. 인연 따라 잠시 온 것을 '내 사람' '내 사랑' 으로 집착하려 하는데서 괴로움은 시작되는 것이다. 사랑하는 사람도 갖지 말고 미워하는 사람도 갖지 말고 다만 홀로 가야할 길을 걸으라.

소리에 놀라지 않는 사자처럼, 진흙에 물들지 않는 연꽃처럼, 그물에 걸리지 않는 바람처럼, 무소의 뿔처럼 혼자서 가라.

자신의 길을 가는 즐거움

남에게 예속되는 것은 고통이요,

독자적으로 자신의 길을 가는 것은 즐거움이다.

『우다나』

남에게 예속되어 있다면 얼마나 고통스러운가. 꼭 노예가 되는 것만 예속되는 것은 아니다. 남에게 마음이 예속되어 있다면 그것이 바로 노예의 삶이다. 우리 마음은 얼마나 남에게, 상대에게, 내 바깥의 것들에 많이 예속되어 있는가. 돈에 예속되고, 명예에, 권력에, 지위에, 이성에, 학벌에, 배경에 얼마나 많은 것들에 예속되어 살고 있는가. 그것들이 많으면 행복해 하고, 적으면 괴로워하는 외부적인 것들에 휘둘리는 삶이 노예가 아니고 무엇인가.

무엇이든 예속되는 것은 괴롭다. 독자적으로 자신의 길을 가는 것이 즐거움이다. 나 홀로, 어디에도 휘둘릴 것 없고, 예속될 것 없이, 나 자신의 길을 걷는 것, 그것이 가장 큰 즐거움이다. 누구처럼 살 것도 없고, 누구처럼 되고자 애쓸 것도 없이, 다만 '나 자신'이 되어 나의 길을 걷는 것이 즐거움이다.

어디에도 예속되지 않고 자신의 길을 걷는 이는 외부적인 좋고 나쁜 조건에 얽매이지 않으며, 누구처럼 되기 위해 애쓰면서 자신의 처지를 한심스럽게 생각하지도 않고, 그 어떤 사람의 말에도 휘둘리지 않은 채 자신이 가야할 길을 정확히 알고 그 길을 걷는다. 그에게 삶은 언제나 완전한 순간이며, 길을 걷는 매 순간순간이 곧 최종 목적지에 도달한 순간이 된다.

어디에도 휘둘리지 않고, 영향 받지 않으며, 예속되지 않고, 얽매이지 않아 자유로운 자신의 길을 휘적휘적 걷는다. 예속되거나 결박되어 있지 않으면 두려울 것이 없고, 걱정스러울 것도 없으며, 언제나 매 순간순간 독자적으로 자신의 길을 걷는 즐거움 속에서 깊은 충만을 느낀다.

가득 찬 것은 조용하다

모자라는 것은 소리를 내지만 가득 찬 것은 조용하다.

어리석은 자는 반쯤 채운 물항아리와 같이

철렁거리며 쉬 흔들리지만,

지혜로운 이는 물이 가득 찬 연못과 같이 평화롭고 고요하다.

『숫타니파타』

물의 교훈을 배워라.

울퉁불퉁한 계곡과 협곡 속에서

시냇물과 폭포는 큰 소리를 내지만, 거대한 강은 조용히 흐른다.

빈 병은 소리가 요란하지만

꽉 찬 병은 마구 흔들어도 소리를 내지 않는다.

바보는 덜그럭 거리는 냄비와 같고, 현자는 고요하고 깊은 연못과

같다.

『숫타니파타』

가득 찬 것은 소리를 내지 않듯, 내면의 뜰이 꽉 찬 사람은 침묵한다. 부족한 사람일수록 자신을 드러내기 위해 애를 쓰고, 말을 많이 하지만, 지혜로운 사람은 애써 자신을 드러내려고 하지 않고 다만 행동으로 보여줄 뿐이다. 꽉 찬 사람은 자신 스스로도 이미 충만하기 때문에 더 이상 바랄 것이 없다. 남에게 잘 보이려 애쓸 것도 없고, 남들의 시선을 의식해 행동하지도 않으며, 말로써 자신을 포장하려 들 것도 없다. 그에게 침묵은 그 어떤 말보다도 우렁찬 사자후다.

말이 많은 사람은 쉬 믿음이 가지 않는다. 말이 많다는 것은 그만큼 자신을 드러내고자 애쓴다는 것이고, 그것은 그대로 자신의 못난 속내를 비출 뿐이다. 오죽 자신이 없으면 말로써 자신을 드러내려 애쓰는가. 꽉 찬 사람은 말이 필요 없으며 다만 삶으로서 보여 줄 뿐이다.

말이 없는 사람은 묵묵한 침묵 가운데에서 자신의 빛을 한없이 드러내고 있는 사람이다. 얕은 시내는 큰 소리를 내지만, 거대한 강은 조용히 흐르듯 마음의 깊이가 좁고 얕은 사람일수록 말로써 자신을 드러내려 애쓰고 마음이 깊고 넓은 이는 말이 없다.

더욱이 말이라는 것은 현상을 있는 그대로 보여주기에는 부족함이 많은 도구에 불과하다. 어떤 말을 했을 때 그 말은 사람에 따라 수도 없이 많은 의미로 받아들여진다. 같은 말일지라도 사람에 따라, 상황에 따라, 조건에 따라 그 말은 전혀 다른 의미를 지닌다. 그렇기에 말에는 허물이 따르고, 아무리 의도가 좋은 말일지라도 그 안에 허물의 가능성은 언제나 내포되어 있다.

삶에 힘을 빼라

수행하는 사람은 마치 물 위에 떠서 흘러가는 나뭇가지와 같다.

양쪽 기슭에 가 닿지도 않고, 누가 건져 가지도 않고,

소용돌이에 휩쓸리지도 않고, 썩지도 않는다면,

이 나뭇가지는 마침내 저 드넓은 바다에 다다를 것이다.

우리들도 이와 같아서

탐욕에 빠지거나 잘못된 것들에 휘둘리지 않고

오직 정진에 힘쓴다면 반드시 뜻을 이룰 것이다.

『사십이장경』

물 위에 떠 흐르는 나뭇가지, 내 존재가 저 물 위에 떠서 흘러가는 나뭇가지가 되도록 하라. 나뭇가지는 억지로 마른 땅으로 가려 애쓰지 않고, 빨리 가려고 애쓰지도 않으며, 양 갈래 길이 나오더라도 어느 한 길을 고집하지 않고, 다만 큰 물줄기의 흐름을 타고 완전히 온 존재를 그 흐름에 맡겨 흐를 뿐이다. 그렇듯 흐름에 들 때에만 비로소 썩지 않은 채 저 드넓은 바다에 다다르는 것이다.

수행자가 자신의 존재를 완전히 내던지고, 어떻게 살려고 애쓰는 흔적을 지워버리고, 어느 한 쪽의 삶만을 선택하려는 노력을 던져버리고, 삶의 어떤 상황에도 흔들리지 않으며, 빨리 가려고도 늦게 가려고도 애쓰지 않고, 다만 우주적인 삶의 큰 물줄기에 온 존재를 내맡긴 채 다만 흐르기만 할 수 있다면 그는 반드시 큰 자성의 바다에 다다를 것이다.

내 앞에 펼쳐진 인생이라는 흐름을 거스르지 말고, 완전히 나뭇가지처럼 나를 버리고 내맡겨 보라. 그렇게 흐름에 몸을 맡긴 채 흘러가는 것, 그래서 흐름을 끊지 않고, 인생이란 강가의 어떤 기슭에도 정박하지 않고, 어떤 좋은 인연이나 상황이나 소유에도 머물지 않고, 다만 흘러가는데 집중하는 것, 그런 노력 없는 쉼의 자연스러움 그것이 바로 정진이요 수행이고 명상이다. 그렇게 완전히 삶에 힘을 빼고 그저 내맡기고 흐름에 드는 것, 그래서 이미 지나온 과거나 아직 다다르지 않은 미래에 무엇이 오게 될 지는 아예 생각조차 하지 않고 다만 흐르기만 할 때, 그 때 우리는 저 대양을 만날 것이다. 인생에 힘을 빼라. 나뭇가지처럼 힘을 빼고, 모든 노력을 버리고, 모든 기대와 욕구를 버리고, 다만 흘러가라.

나와 남을 평화롭게 하는 것

인내는 상대와 나의 평화를 낳는다.
그대가 노여움에 의해 더럽혀지지 않는다면
그것은 자신을 평화롭게 하는 것이요,
증오하고 원망하는 마음을 갖지 않는다면
그것은 상대를 위하는 길이다.
이것이 바로 나와 남을 평화롭게 하는 것이다.
『섭대승론』

모욕을 참지 못하는 것이 번뇌의 원인이다.
나에게 집착하는 온갖 번뇌는
남의 잘못이 아니라 내 잘못 때문에 생긴다.
불행한 일을 당했을 때 참지 않는다면
이는 곧 스스로 죄업을 짓는 것이 되고
그 죄업은 다시 자기 자신에게 돌아오게 된다.
『선계경』

인내하고 인욕하며 참는 가르침이야말로 나와 남을 동시에 평화롭게 해 주는 선물이다. 가슴에 불덩이를 담아두고 억지로 참는 것은 오히려 화를 키울 수 있지만 화를 지켜보는 수행을 통한 참음은 이 세상 그 어떤 것 보다 뛰어난 수행이요 삶의 지침이다.

화가 날 때는 그 화를 지켜보라. 가만히 화를 지켜보며 염불이나 독경이나 진언을 염송하는 것도 좋은 방법이다. 그랬을 때 화는 사라진다. 화를 없애기 위한 가장 좋은 방법은 그 화를 여실히 바라보는 것이다. 화를 꾹꾹 눌어 없애려고 애쓰거나, 화가 일어나지 않도록 하기 위해 기를 쓸 필요는 없다. 그것은 오히려 화라는 불길에 기름을 퍼붓는 꼴이다. 화는 아주 자연스러운 것이다. 화나는 인연이 모이면 자연스럽게 내 안에서는 불덩이처럼 화의 기운이 올라온다. 그것을 탓하지 말라. 다만 그 끓어오르는 불덩이가 어떻게 형성되는지, 어떻게 커져가며 어떻게 움직이고 나를 뒤덮으며 사라지는지 그 과정을 온전히 지켜보라. 그것이야말로 화를 다스리는 진정한 인내요 인욕이다.

내 안의 화와 노여움을 잘 다스리면 내 안에 평화가 깃들고, 상대방에 대한 원망과 노여움을 잘 다스리면 상대방에게 평화가 깃든다. 화는 자기 자신을 불태우고, 나아가 상대방을 불태운다. 화를 내 안에서 다스리지 않고 밖으로 터져나가게 하면 끊임없이 죄업을 짓게 되고, 그 죄업은 또 다시 나에게로 돌아와 나를 괴롭힌다. 모든 죄업을 종식시키고, 나와 상대 사이에 영원한 평화를 깃들게 하고자 한다면 화와 노여움, 원망과 모욕을 참으라. 참되 온전한 지켜봄과 놓음으로써 맑게 닦아 없애라.

선정을 얻는 8가지 방법

여덟 가지 착한 행위를 통해 청정한 선정을 이룬다.

여덟 가지란 무엇인가.

첫째는 늘 조용한 곳에 살면서 고요히 사유함이다.

둘째는 여러 사람과 함께 모여서 이야기하지 않음이다.

셋째는 바깥 대상에 탐심을 내지 않음이다.

넷째는 몸이거나 마음이거나 온갖 화려한 것을 버림이다.

다섯째는 음식에 대해 욕심이 적음이다.

여섯째는 집착하는 곳이 없음이다.

일곱째는 말과 글자의 수식을 즐기지 않음이다.

여덟째는 다른 사람을 가르쳐 깨달음의 경지를 얻게 함이다.

『문수불경계경』

청정한 선정이란 곧 깨달음의 본성이다. 고요한 선정을 이루기 위해서는 조용한 곳에 거처하며 고요히 사유하고 지켜보는 것이 으뜸이다. 숲 속의 조용한 거처는 바깥으로 헐떡이는 마음을 쉬게 해 주는 좋은 도반과도 같다. 또한 조용한 거처에서는 많은 사람들과 모여 이야기를 즐기지 않을 수 있다. 말이 많아지고, 사람들과의 관계가 복잡해질수록 마음은 함께 번거로워지며 번잡해진다.

그렇게 홀로 조용한 곳에서 내면을 주시하면 온갖 외부로 치닫던 모든 욕심과 탐심이 휴식을 맞는다. 바깥 대상에 대한 탐심이 쉬어지면 저절로 만족과 자족이 피어난다. 또한 몸과 마음에서 화려하고, 자극적이며, 많고 큰 것을 추구하던 모든 꾸밈이 사라지면서 삶이 소박하고 단촐하며 단순해진다. 몸과 마음이 청빈과 가난과 자족에 들면 저절로 모든 욕심이 줄어들고, 먹는 음식에 대한 욕심도 사라진다. 음식이 곧 몸을 규정짓고, 몸은 이어 마음을 규정짓기 때문에 음식이 맑아지면 몸도 맑아지고 따라서 마음도 청정해진다.

청정해진 몸과 마음은 어디에도 걸림이 없다. 집착하여 마음 둘 곳이 없다. 그러면 저절로 말과 글을 즐기는 일이 줄어든다. 말과 글을 즐기면 그만큼 번잡해진다. 말과 글의 수식을 줄인다는 말은 내면에서 끊임없이 올라오는 온갖 생각과 번뇌들을 줄인다는 의미이기도 하다. 내면에서 끓어오르는 생각과 번뇌가 쉬어지면 마음은 이내 지고의 평안과 청정한 선정에 다다른다.

이렇게 선정을 성취하고 나면 한없는 자비가 생겨나고 그 자비는 다른 사람에게로 깨달음을 전해 얻게 하는 원동력이 된다.

어떠한가, 이런 사람

그는 세상에서 아무것도 가진 것이 없다.

그렇다고 무소유를 걱정하지 않는다.

그는 모든 사물에 이끌리지 않는다.

그는 아무것에도 머무르지 않고

사랑하거나 미워하지도 않는다.

슬픔도 가난도 그를 더럽히지 않는다.

마치 연꽃에 진흙이 묻지 않는 것처럼

그는 참으로 평화로운 사람이다.

『숫타니파타』

참으로 평화로운 사람은 어떤 사람인가. 아무것도 가진 것이 없는 사람이다. 모든 아상(我相)과 이기 그리고 욕망과 집착에서 소유가 나오기 때문이다. 내적으로 완전한 평화를 얻은 사람은 '나다' 하는 아상이 없고, '내 것이다' 하는 아집이 없다. 이 세상 모든 것을 어느 하나 내 것으로 붙잡지 않기 때문에 모든 것을 모조리 내 것으로 쓸 수 있는 사람이다.

완전한 무소유는 완전한 소유를 가져온다. 그러니 가진 것 없어도 무소유를 걱정하지 않는다. 또한 평화로운 사람은 그 어떤 것에도 머물러 집착하는 바가 없다. 이 세상이 고정된 것이 아닌 까닭이다. 집착할만한 대상이 있다면 집착하겠지만, 이 세상 그 어느 곳을 찾아도 집착할만한 고정된 실체는 없기 때문이다. 머물러 집착하지 않으면 사랑하거나 미워하지도 않는다. 좋고 싫은 어느 한 쪽에 치우쳐 집착하지 않으니 사랑과 미움도 모두 꿈이고 신기루인 것을 안다.

슬픔도 고정된 슬픔이 아니고 가난도 고정된 가난이 아니다. 슬픔도 가난도 모두 인연 따라 잠시 오고 가는 것일 뿐, 꿈결처럼 바람처럼 우리 삶을 스쳐 지날 뿐이라는 것을 안다. 마치 연꽃에 진흙이 물들지 않는 것처럼 그 어떤 슬픔도 가난도 소유도 사랑도 미움도 평화로운 사람을 물들이지 못한다.

평화로운 사람은 '나 없음'의 도리를 안다. 모든 내적 평화를 깨는 일의 원인은 '나'에 있음을 분명히 본다. 내가 없으니, 내가 느끼는 모든 분별과 감정과 고통과 슬픔이 모두 누구의 것이겠는가. 그것은 다만 주인 없이 인연 따라 오고 갈 뿐임을 안다.

자연을 다치게 하지 말라

만일 소, 말, 돼지, 양과 일체 축생을 보거든 생각하고 말하되
너희들은 이제 축생이지만 보리심을 일으키라 하라.
보살은 산, 숲, 시내, 들 등 어느 곳이더라도
일체 중생으로 하여금 보리심을 일으키게 할 것이거늘,
만일 보살이 중생을 교화하지 않으면 경구죄를 범하는 것이다.
『범망경』

성읍이나 촌락과 산림, 하천과 동산, 궁전과 누각,
모든 도로와 교량, 자연적인 동굴집과 인체의 농작물,
꽃들과 열매, 초목과 총림 등을 태워서는 안 되며
파괴하지 말며, 물을 빼내지 말며, 자르거나 베지 말라.
왜냐하면 그 모든 것에는 다 생명을 가진
짐승들과 곤충들이 있으므로 그 죄 없는 중생들을 상하게 하거나,
그 목숨을 해치게 해서는 안 되기 때문이다.
『정법념처경』

산천초목이든 곤충과 짐승이든 나와 내 주위를 구성하고 있는 모든 자연환경을 오염시키거나, 상하게 하거나, 파괴해서는 안 된다. 그들 또한 나와 다르지 않다. 내 몸이, 인간의 몸이 소중한 것과 마찬가지로 동등한 크기로 자연환경의 몸 또한 소중하다. 인간과 곤충과 동물과 자연만물이 똑같은 한생명의 나툼이다.

인간에게만 불성이 있는 것이 아니라 동물에게도 곤충에게도 식물에게도 이 자연 만물의 모든 산천초목에도 동일한 불성이 있다. 모든 존재가 다 신성하며 성스러운 나의 분신이다. 이 우주가 곧 나이며 내가 곧 우주를 대변한다. 이 세상의 지수화풍이 모여 잠시 인연 따라 나를 이루고, 내 몸은 끊임없이 이 세상과 지수화풍의 요소들을 주고받으며 형성시켜 간다. 한 순간도 이 세상과 분리된 나를 생각할 수는 없다. 자연이 있기에 인간이 있고 인간이 있기에 자연이 있다. 자연이 소멸되면 인간도 소멸되고, 자연이 파괴되면 인간도 파괴된다. 이 모두는 하나의 생명 공동체요 동일한 승가(僧家)의 구성원이다.

과학에서도 다양한 포유류가 있지만 그들의 두개골을 이루는 뼈의 수나 구조, 기능 등이 모두 같고, 새의 날개나 포유류의 앞발, 고래의 앞지느러미 등도 그 기본형은 같다고 함으로써, 그들 모두는 같은 조상에서 유래하였음을 밝히고 있다. 어찌 인간만이 위대하고, 인간만이 귀하다 하겠는가. 인간 스스로 인간일 수는 없는 법. 산천초목의 자연과 우주가 우리를 돕지 않는다면 인간은 존재할 수 없다. 그들이 있기에 내가 있고, 내가 있어 그들이 있다. 산천초목이 오염되면 내 생명 또한 오염되고 만다.

진리
眞理

장작 두 개를 비벼서 불을 피웠다면 불은 어디에서 왔는가. 장작 속에서 왔는가, 아니면 공기 중에서, 그도 아니면 우리의 손에서 나왔는가, 아니면 신이 불을 만들어 주었는가. 다만 공기와 장작과 우리들의 의지가 인연 화합하여 잠시 불이 만들어 졌을 뿐이고, 장작이 다 타고 나면 사라질 뿐이다.

그 진리를 놓으라

마땅히 법에도 집착하지 말고,

법 아닌 것에도 집착하지 말아야 한다.

이런 뜻에서 여래는 항상 말하기를

'너희 비구는 나의 법문이 뗏목의 비유와 같음을 알라' 했으니,

법도 오히려 놓아버려야 하거늘

하물며 법 아님에 있어서이겠는가.

『금강경』

올바른 법도 오히려 없애야 하거늘

하물며 잘못된 법이겠느냐?

『증일아함경』

198

올바른 법도 없애야 하거늘 하물며 잘못된 법이겠는가. 올바른 법, 부처님의 정법이라고 하더라도 그것은 뗏목과 같은 방편일 뿐이니 결국에는 그 또한 버려야 할 것이다. 정법이라도 거기에 집착해 얽매인다면 그것은 더 이상 올바른 법일 수가 없다. 올바른 법이라는 것은 '집착하지 않는 법'이기 때문이다.

참된 진리는 어떤 틀 속에 가둘 수가 없다. '이것이 진리다' 해 놓고 그 안에 갇혀 그 밖의 것들을 '진리가 아니다'고 차별하는 순간 그것은 진리의 성품을 잃는다. 이 세상 그 어떤 것도 진리를 담고 있지 않은 것은 없다. 진리와 진리가 아닌 것을 나누어 금을 긋는 순간 진리는 사라진다. 진리와 비진리가 있다면, 그래서 진리는 옳고 비진리는 옳지 않다면, 거기에 전쟁과 투쟁과 싸움이 생겨난다. 진리는 언제나 비진리를 상대로 전쟁을 해야 할 것이다. 그러나 진리에는 선이 없고, 울타리가 없으며, 이기고 질 아무런 이유가 없다. 진리와 비진리를 나누지 않는 통합의 진리에 다툼과 나눔은 설 자리를 잃고 만다.

부처님께서는 당신의 가르침에도 머물러 집착해서는 안 된다고 설하고 있다. 이 세상 그 어떤 종교가, 그 어떤 교주가 자신의 가르침 또한 놓아버리라고 설할 수 있겠는가. 완전히 아상이 소멸하고, 그 위에 진리가 드러나야만 가능한 말씀이다. 이처럼 올바른 법 또한 결국에는 버려야 하며 집착해서는 안되겠거늘, 바르지 않은 법에 집착하고 얽매인다는 것이 얼마나 어리석은 일이겠는가. 진리고, 비진리고 할 것 없이 그 어디에도 머물러 집착하고 그것만을 고집하는 순간 그것은 이미 진리가 아니다.

출가 안 하고도 깨닫는 법

비록 처자 권속을 거느리고 세속에 살아가면서

재물을 얻기 위해 갖가지 사업에 힘쓰더라도

법을 얻을 수 있는 길은 항상 열려 있다.

삿되지 않고 바르게 집중하여 비추어보는 힘을 갖추기만 한다면

번잡한 세속에서도 삼매를 얻을 수 있나니

세속에 살면서도 집착을 놓아버릴 수 있는 지혜로운 사람이라야

하루 속히 열반의 고요함을 증득할 수 있다.

『별역잡아함경』

진리는 출가한 사람이거나, 오직 진리만을 찾아 집을 떠난 사람에게만 찾아오는 것이 아니다. 참된 출가란 삭발이나 승복을 입은 겉모습에 있는 것이 아니라 출가정신에 있다. 세상에는 승복을 입었지만 속인만도 못한 이들이 얼마나 많으며, 세상 속에 살지만 마음만은 출가한 심출가 수행자가 얼마나 많은가.

처자 권속을 거느리고 세상 속에서 살아가더라도 법을 얻을 수 있는 길은 항상 열려 있다. 그 길은 출가한 사람에게도 세속의 사람에게도 다만 이 한 가지 수행의 길이니 바로 '집중하여 비추어 보는 힘'을 갖추는 것이다. 항상 말과 생각과 행동을 집중하여 비추어 보는 힘을 갖출 수 있다면 모든 세속의 집착과 욕망 그리고 온갖 번뇌를 놓아버릴 수 있고 고요함을 얻을 수 있다.

참된 출가의 정신은 바로 '집중하여 비추어 보는 힘'에 있다. 출가자의 행위와 일반인의 행위는 비록 같을지라도 출가자는 그 행위에 '집중과 비움의 빛'이 깃들어 깨어있는 행을 하지만, 세속인들은 스스로의 행위에 온전히 깨어있지 못한 점이 다를 뿐이다.

세속의 행복도 진리의 완성도 모두 '집중하여 비추어 보는 힘'에서 온다. 세상에 살면서도, 직장생활을 하면서도 매 순간순간 나에게 어떤 일이 일어나고 있는지, 어떤 마음이 일어나고 있는지를 분명히 비추어 보는 알아차림이 있다면 그는 수행자라 할 것이지만, 산중에 먹물 옷을 입고 있으면서도 스스로를 비추어 관하지 않는다면 그는 몸은 산 중에 있더라도 속인과 다르지 않다. 마음을 관하는 것이 출가이지, 몸만 절에 있다고 출가가 아니다.

'나'도 없고, '내 것'도 없다

이 몸은 공적(空寂)하여

'나'도 없고 '내 것'도 없으며,

진실한 것도 없다.

『화엄경』

이번 생 잠시 인연 따라 나왔다가 인연이 다 되면 인연 따라 갈 뿐이다. 장작 두 개를 비벼서 불을 피웠다면 불은 어디에서 왔는가. 장작 속에서 왔는가, 아니면 공기 중에서, 그도 아니면 우리의 손에서 나왔는가, 아니면 신이 불을 만들어 주었는가. 다만 공기와 장작과 우리들의 의지가 인연 화합하여 잠시 불이 만들어 졌을 뿐이고, 장작이 다 타고 나면 사라질 뿐이다. 이것이 우리 몸을 비롯한 모든 존재의 생사(生死)이다. 불을 어찌 고정된 실체라 할 수 있겠으며, '나'라고 내세울 수 있겠는가. 다만 공한 인연생 인연멸일 뿐이다. 여기에 내가 어디 있고, 내 것이 어디 있으며 진실한 것이 어디 있는가. 다 공적할 뿐이다.

이 몸 또한 그러하다. 인연 따라 잠시 왔다가 인연 따라 잠시 갈 뿐. '나'도 없고, '내 것'도 없다. 내 성격도, 내 육신도, 내 마음도, 내 가치관도, 내 능력도, 내 소유도 그것이 나인 것은 아니다. 다만 우리가 그런 것들을 나라고 집착하고 싶을 뿐이지. 그렇게 '나'라고 집착을 하고 의지를 해야 마음이 편안하고 안정감을 느끼는 것일 뿐이다. '나'와 '내 소유'에서 안정감을 느끼고 의지처를 느낀다면 그것은 언젠가는 사라져 허물어질 것들일 뿐이니 결국에는 공허감만 남을 뿐이다.

나도 내 소유도 모두가 텅 비어 공할진데, 무엇을 집착하고, 무엇을 얻고자 하며, 어딜 그리 바삐 가고 있는가. 나를 드러내고, 내 소유를 늘리며, 내 지식, 내 명성, 내 것들을 늘려 무엇 할 것인가. 어느 하나 가지고 갈 수 없는 것들일진데.

갈 길 잠시 멈추고 물어보라. 과연 '나'는 있는가.

몸뚱이 좀 그만 두라

이 몸은 거품과 같아서 오래 가지 않고,
환술과 같아서 망상으로 생기며,
꿈과 같아서 망견(妄見)으로 생기고,
그림자와 같아서 업연(業緣)으로 생긴다.
『유마경』

부모에게 받은 이 몸은 마치 시방의 허공을 입으로 불면
미진의 티끌이 있는 듯 없는 듯함과 같으며,
맑은 큰 바다에 한낱 뜬 거품이 흘러가면서
생겼다가 사라졌다 함과 같다.
『능엄경』

겉모습과 몸매와 외모가 중요한 세상, 이런 세상이야말로 이 세상이 얼마나 정신적인 타락의 길을 걷고 있는지를 증명해 주고 있다. 바깥에 보이는 것에 휘둘릴수록 내면의 보다 중요한 것은 뒷줄 신세를 면치 못한다. 몸이 실체가 있거나, 항상 하는 것이거나, 고통스럽지 않은 것이라면 몸에 얽매이거나 몸을 사랑할 수 있겠지만 몸의 실체는 어떠한가.

그것은 꿈과 같고, 환술과 같고, 거품과 같고, 그림자와 같고, 티끌과 같다. 이런 몸을 무얼 그리 사랑하고 애착하는가. 그래서 옛 스승들은 이 몸을 똥주머니라 불렀다. 똥만 잔뜩 넣어가지고 다니는 똥주머니를 위해 무얼 그리 치장하고 내세우며 어여삐 여기는가. 몸 안의 온갖 내장이며 기관들 똥오줌들을 다 끄집어 내 보면 얼마나 더럽고 흉측할 것인가.

그걸 다만 이 하얀 살결 가지고 포장 한 것에 지나지 않을 뿐이다. 살결 가지고 포장한 것을 조금 잘 했다고 예쁘다하고, 못했다고 못났다고 차별할 일이 무엇인가. 모두가 한낱 뜬 구름과 같고, 바다에 뜬 거품과 같으며 꿈과 같고 그림자와 같은 것일 뿐이다.

다만 마음이 중요한 것이다. 몸을 중요시여기는 그 마음이 우리 몸을 더욱 더럽히고 욕되게 만든다. 몸에 얽매이고 집착할수록 정신은 공허하게 총기(聰氣)를 잃고 만다. 그러니 몸 좀 그만 두자. 다이어트 한다고 괴롭히지도 말고, 성형수술 한다고 칼 들이대 포장지 뜯어 고치지도 말고, 몸뚱이 감각 흥분시키려고 애욕에 젖은 생활도 좀 그만하고, 몸, 형상, 모습, 생김새를 탓하지 말고, 또 얽매이지도 말자. 몸을 이제 그만 놔둬라.

떠날 때 흔쾌히 보내주라

일단 이 세상에 태어난 모든 것은 죽음으로 돌아간다.

반드시 생명은 다할 때가 있다.

이루어진 것은 반드시 없어지고

모아진 것은 반드시 흩어지게 마련이다.

젊음은 오랫동안 지속되지 않고, 주색(酒色)은 병을 불러들인다.

고통의 수레바퀴는 끝없이 구르고 굴러서 쉬지 않는다.

이 세상은 덧없는 것이므로

이 세상에 살고 있는 모든 존재에게 영원한 즐거움은 없다.

『열반경』

이 세상에 항상 하는 것은 없다. 항상 하는 것이 없다는 그 진리만이 다만 항상 할 뿐이다. 태어나면 반드시 죽고, 젊음은 시들어가고, 부귀는 빈천으로 돌아가며, 모인 것은 흩어지게 마련이다. 항상 하지 않는 것은 괴로움이다. 언젠가는 사라질 것에 대해 집착하거나 붙잡으면 반드시 괴로움이 오게 된다. 우리가 괴로운 것은 이 때문이다. 항상 하지 않는데 붙잡고 집착하고 욕심을 부려 항상 하길 바라고, 내 곁에 있어주길 바라며, 내 것으로 만들길 바라기 때문이다. 항상 하지 않는 것을 붙잡아 묶어 두려 하니 결국 남는 것은 허망함과 공허감 뿐이다.

이 세상 그 어떤 것도 항상 하지 않으므로 우리가 이 세상에서 집착할 것은 어디에도 없다. 붙잡아 두지 말라. 내 곁에 언제까지고 있어줄 것이라 기대하지 말라. 그 어떤 것에도 '내 것' 이라는 생각을 버리라. 세상 모든 것은 잠시 왔다가 인연이 다하면 가야할 때를 알고 분명히 떠나간다.

떠나갈 때 아쉬움이 남지 않을 정도만 마음을 주라. 헤어질 때 담담하게 받아들일 수 있을 정도만 정을 주라. 이별의 순간이 올 때 너를 만나 행복했노라는 여운만으로도 흔쾌히 보낼 수 있을 정도로만 사랑을 하라. 언젠가 우리 모두에게 이별은 오리니. 이별의 순간이 올 때 맑은 미소를 띄우며 보내줄 수 있는 것들을 다만 곁에 두라.

가장 아름다운 인연은 만나면 만나서 좋고 떠나더라도 큰 아쉬움을 남기지 않는 인연이다. 좋아도 너무 과하게 좋아하지 말고, 싫어도 너무 과하게 싫어하지 말라. 또한 내 주위의 모든 이들에게 나 또한 그런 인연으로 남으라.

연극을 누리고 만끽하라

모든 현상은 꿈과 같고 바람과 같아서 진실하지 못하다.

중생은 이러한 사실을 모르기 때문에

미혹의 세계를 배회하는 것이다.

『화엄경』

모든 것이 실체가 없는 환상인 줄을 알면

번뇌로부터 곧 벗어난 것이므로 더 방편을 쓸 것이 없다.

환상을 여의면 곧 깨달은 것이므로 더 닦아갈 것도 없다.

마음을 내고 생각을 일으키는 것이나, 거짓과 참을 말하는 것이나

어느 하나 환상 아닌 것이 없다.

꿈속에서 병이 나서 의사를 찾던 사람이

잠을 깨면 근심 걱정이 사라지듯이,

모든 것이 환상인 줄을 아는 사람도 또한 그렇다.

『선가귀감』

이 세상만사 모든 것이 다 실체가 없는 환상인 줄 알라. 모든 것이 환영이며 꿈이고 헛된 것이어서 그 어떤 것도 잡을 것이 없고, 집착하고 바랄 것이 없다. 모든 것이 환상이니 더 이상 바랄 것도 없고, 구할 것도 없으며, 어느 하나 붙잡아 둘 것이 없음을 아는 것이야말로 최고 단계의 깨달음이다.

이 세상엔 본래부터 아무것도 없으며, 아무 일도 없다. 지금 눈앞에 펼쳐지는 현실은 다만 꿈이며 신기루일 뿐이다. 너무나도 생생하여 꿈같지 않고, 환영 같지 않아 생생한 현실처럼 느껴질지라도 거기에 속지 말라. 지금 우리 모두는 꿈을 꾸고 있다. 이 세상은 꿈과 같고 환영과 같고 신기루와 같은 것이 아니라, 이 세상은 그대로 꿈 그 자체이며, 신기루, 환영, 물거품, 그림자 그 자체이다. 누가 세상을 꿈과 같다 했는가. 이 세상은 다만 꿈일 뿐이다. 꿈을 꾸되 꿈을 꿈인 줄 분명히 알면 꿈속에서 괴로워할 것도 없고, 아파할 것도 없다.

이 모두가 다만 한바탕 신나는 연극일 뿐이다. 박진감 넘치는 연극의 각본이 있고, 주연과 조연이 있으며, 수많은 스텝들이 이 연극에 동참하고 있지만, 사실 연극은 어디까지나 연극일 뿐, 그 연극의 내용이 현실인 것은 아니다. 연극은 실체가 아니다. 연극을 즐기라. 연극의 내용에 몰입하여 내 각본에 충실하며 이 무대를 충분히 즐기고 누리라. 이 세상이라는 무대 위에서 나라는 주인공이 수많은 인연이라는 조연들과 끊임없이 각본을 만들어가며 최대한으로 연극을 만끽하라. 다만 중요한 본질 하나는 잊지 말라. 그것이 현실이 아니라 다만 연극이라는 것, 꿈이라는 것을.

평범하게, 자연스럽게 살라

불법은 애써 구하는 것이 아니라

단지 평상심을 유지하여 특별한 일이 없게 함이니

추우면 옷을 입고 더우면 옷을 벗고

배고프면 밥을 먹고 졸리면 잠을 자면 되는 것이다.

어리석은 자는 나를 비웃겠지만 지혜로운 사람은 그 뜻을 안다.

『임제록』

애써 구한다는 것은 지금 이 순간에 만족하지 못한다는 말이다. 지금이 불만족스럽기 때문에 더 나은 무언가를 구한다는 뜻이다. 애써 구하는 바가 있으면 지금 이 순간의 평화는 깨어지고 만다. 불법은 특별한 노력을 기울여 애써 구하는 것이 아니라, 특별한 일이 없게 함으로써 지극히 평범하고 자연스러운 이치에 드는 것이다.

진리는 특별한 사람이 특별한 노력과 특별한 수행을 통해 얻는 특별한 체험이 아니다. 오히려 그 반대로 진리는 평범한 사람이 지극히 평범한 삶으로써 자연스럽게 아주 자연스럽게 다만 평범하게 살아갈 때 얻어지는 것이다. 수행이라는 것은 다만 방편일 뿐이다. 자연스러움, 평범함으로 돌아가기 위한 부득이한 방편. 그러나 평범함으로 돌아가기 위해 왜 특별한 방편을 써야 하는가. 우리의 본래 바탕은 누구나 평범하기 그지없는 존재일진데.

참된 삶이란 구하는 것이 없이 평범하게 순간순간을 살아갈 때 찾아온다. 그랬을 때 지금 이 순간 온전한 만족이 있고, 온전한 자족과 현존 속에서 집중과 깨어있음이 깃든다.

배고프면 밥을 먹으면 되고, 오직 그 순간 밥 먹는 것에만 집중하면 된다. 그런데 밥 먹으며 다른 생각 하고, 더 좋은 음식 먹고자 욕심내고, 온갖 번뇌를 몰아가니 밥만 먹지 못하는 것이다. 배고플 때 밥 먹는다는 것이 얼마나 평범한 일이고 특별하지 않은 일인가.

추우면 옷을 입으면 되지 더 좋은 옷을 구할 것도 없고, 남들보다 더 예쁜 옷을 입고자 분별할 것도 없다. 그저 평범하게 특별하지 않게 구함 없이 사는 것이 지혜로운 삶이다.

지금 여기에 전부를 쏟아 부으라

누구라도 자신이 살아가는 곳곳에서 주인공이 되면

그가 서 있는 곳은 다 진실한 것이다.

『임제록』

지금 이 순간 내가 서 있는 바로 여기에서 주인공이 되라. 내가 발딛고 서 있는 '지금 여기'가 가장 중요한 삶의 순간이고, 참된 순간이다. 다른 곳에서 찾지 말라. 다른 순간을 찾지 말라. 바로 지금 여기이지 다른 곳, 다른 때가 아니다. 내가 살고 있는 여기, 내가 살고 있는 이 순간이야말로 내가 그렇게 찾아 헤매던 최상의 순간이며, 최고의 깨달음이 깃들 수 있는 유일한 시공이다. 내가 살아가는 바로 이곳이 내 인생의 모든 에너지를 쏟아 부을 유일한 시간이요 공간이다. 지금 여기에 완전히 100%를 쏟아 부어라.

'지금 여기'에 내 삶의 전부를 걸고 현존할 때, 나는 더 이상 이 우주의 객이 아닌 주인이다. 내 삶의 주인이며, 이 시공의 주인이고, 이 우주 법계의 주인공이다. 이 우주 삼라만상의 중심이 바로 내가 서 있는 이 자리가 된다.

어느 곳에서라도 주인으로 살지, 객으로 살지 말라. '나 자신'으로써 사는 것이 주인공으로 사는 것이다. 다른 때, 다른 곳을 찾지 말고, '남처럼' '누구처럼' 살려고 하지 말라. 다른 때와 장소를 찾을 때 그것은 '이 순간'의 기적을 놓치는 것이며, '남처럼' 살려고 했을 때 그것은 벌써 지금의 주인공인 나를 인정하지 않는 것이다. 지금 이 모습 그대로의 '나 자신'이야말로 진리가, 우주가 나로써 생생하게 피어나고 있는 한 송이 만개한 연꽃임을 기억하라.

'지금 이 순간' '나 자신'으로 살라. 다른 때, 다른 곳으로 내달리지 말고, 다른 사람처럼, 심지어 붓다처럼 살려는 모든 노력을 포기하라. 그랬을 때 지금 여기 서 있는 나 자신이 바로 붓다였음이 저절로 드러날 것이다.

비움의 지혜

보시행에 지혜가 없으면 한 생의 영화를 누릴 뿐이고,

계행(戒行)을 지키나 지혜가 없으면 잠시 천상에 태어날 뿐이며,

인욕행에 지혜가 없으면 육신이 단정한 과보를 누릴 따름이고,

힘써 노력하나 지혜가 없으면 생멸의 공덕을 일으킬 뿐이며,

참선에 지혜가 없으면 금강과도 같은 선정을 얻지 못하며,

선행에 지혜가 없으면 공연히 번뇌망상의 원인만 짓게 된다.

그러므로 지혜야 말로 어둠 속의 불빛과 같음을 알라.

『만선동귀집』

지혜야말로 가장 중요한 인간 삶의 바탕이다. 그 어떤 행도, 그 어떤 복도, 그 어떤 올바른 삶도, 그 어떤 좌선이나 선행도 지혜가 바탕되지 않는다면 정작 큰 공덕을 얻지는 못한다. 지혜야말로 모든 괴로움을 없애는 어둠 속의 빛이다. 지혜가 없다면 보시, 지계, 인욕, 선정, 정진의 덕목도 무루(無漏)의 복이 될 수 없다. 육바라밀의 으뜸은 지혜에 있다.

지혜란 무엇인가. 이것 저것 많이 아는 것은 지식일 뿐 지혜는 아니다. 지식이란 채우는 앎이고 지혜란 비우는 앎이다. 머릿속에 많은 것을 채우고, 돈을 벌기 위한 온갖 수단과 방법의 지식을 채우고, 욕심을 채우기 위한 알음알이, 집착하는 것을 내 것으로 만들기 위한 알음알이가 지식이다. 현대사회에서는 이런 지식을 최고로 치겠지만 이런 알음알이로 인해 부자가 되고 똑똑해 졌다고 하더라도 그것이 행복이나 자유 평화로움과는 무관한 것이다. 아니 오히려 채우고 가진 것이 많을수록 부자유스럽고 속박당하며 불행하다.

행복과 자유 평화로움 나아가 깨달음이란 채웠을 때 오지 않고, 비웠을 때 찾아온다. 알음알이 지식을 비우고, 욕심과 욕망을 비우고, 집착을 비우고, 소유욕을 비우고, 번뇌를 비웠을 때 소리 없이 내 안에 깃드는 것이다.

세상에서는 많이 채울수록 부자가 되지만, 진리의 차원에서는 비움의 정도에 의해 부자가 된다. 세상에서는 지식이 기준이지만, 출세간에서는 지혜가 그 기준이 된다.

진리는 그리 어려운 게 아니야

언제나 기쁜 마음으로 보시하여 복을 지으면

누구를 만나도 부끄럽거나 두렵지 않다.

기쁜 마음으로 베풀고 조금도 후회하지 않으면

죽어서 천상에 태어나 천인들의 칭찬을 받는다.

보시는 내생의 좋은 양식이 되나니

윤회하지 않는 곳에 도달할 것이요,

하늘의 신들도 항상 돌보고 환희하게 된다.

『증일아함경』

이 세상에 보시하고 베푸는 일이야 말로 우리가 실천할 수 있는 가장 쉽고도, 가장 빠른 지혜의 길이다. 언제나 기쁜 마음으로 보시하고 복을 지으면 항상 든든하고, 두렵지 않으며, 후회할 일이 없다. 이번 생에도 다음 생에도, 이 몸이 죽어서도 그 복락은 한 없이 찾아온다. 보시하는 것만이 진정한 내 삶의 저축이고, 법계에의 회향이다.

하느님도 부처님도 알라며 예수 할 것 없이 모든 종교의 교주며 인류 역사의 모든 사상가, 철학가들이 수많은 종교와 사상을 펼쳤지만, 유일하게 똑같이 진리라고 입을 모은 것이 바로 '베푸는 일'이다. 보시하여 복을 짓는 일은 이 세상 그 누구도 거역할 수 없는 진리의 실천이다. 부처나 예수 어느 한 성인이 설한 가르침이라도 당장에 실천해야 하겠거늘, 인류를 거쳐 간 수많은 성인들이 공통적으로 입을 모아 진리라고 설한 것을 지키고 실천하지 못한다면 이것이야말로 얼마나 어리석은 일인가.

무조건적인 진리, 거역할 수 없는 만고불변의 진리, 그 진리 실천의 으뜸이 바로 보시행이다. 진리라면 무조건 실천하고 봐야 한다. 이렇게 아무도 거역한 적 없는 명확한 진리가 눈앞에 있는데 왜 실천하지 않는가. 진리를 실천했을 때 나 자신이 진리가 된다. 진리는 그리 높은 곳에 따로 떨어져 있는 것이 아니다. 저 높은 곳에서 우리 같은 존재는 도저히 실천 불가능하도록 만들어 져 있는 것이 아니다. 누구나 지금 이 자리에서 실천할 수 있다.

밥 한 끼, 물 한 모금, 칭찬 한 마디, 작은 미소 하나를 나누는 속에도 우주적이고 광대무변한 진리가 나로써 꽃피어난다.

진리답게 나누는 방법

보살은 축생에게 한 술의 밥과 한 톨의 낟알을 줄 때에도
이렇게 발원한다.
'이들이 축생의 겁에서 벗어나고 마침내 해탈하여지이다.
고통의 바다를 건너 영원히 고통의 더미를 끊으며,
영원히 고통의 근본과 괴로운 곳을 모두 떠나게 하여지이다.'
『화엄경』

보살은 평등한 마음으로 자기의 모든 물건을 보시한다.
보시하고 나서도 아깝다는 생각을 하지 않으며,
좋은 결과를 바라지도 않고, 알아주지를 바라지도 않으며,
천상에 태어나기를 바라지도 않는다.
다만 일체 중생을 구하고 진리의 행을 실천하여
모든 사람들에게 가르쳐 주고자 할 뿐.
『화엄경』

똑같은 양을 베풀지라도 그 결과는 천차만별로 달라질 수 있다. 어떤 마음으로 베풀었느냐에 따라 그 결과는 하늘과 땅으로 갈라진다. 똑같은 양을 베풀었더라도 베풀고 나서 아깝다는 생각을 하지 않고, 좋은 결과를 바라지도 않고, 누가 알아주길 바라지도 않으며, 죽고 나서 천상에 태어나길 바라지도 않는다면 그 베풂은 온 우주를 다 덮고도 남을 공덕이 있다. 그러나 아무리 많은 양을 베풀었더라도 바라는 바가 있고, 베풀었다는 상에 빠지면 그 베풂은 크지 않다.

아무리 하찮은 미물에게, 아무리 하찮은 것을 베풀지라도 베풀 때는 이렇게 발원하라. '이들이 축생의 길에서 벗어나고 마침내 해탈하여지이다. 고통의 바다를 건너 영원히 고통의 더미를 끊으며, 영원히 고통의 근본과 괴로운 곳을 모두 떠나게 하여지이다.' 이러한 발원이 담긴 베풂은 그것이 밥 한 톨, 물 한 모금일지라도 우주 법계를 향한 무량한 공덕으로 피어난다. 똑같은 베풂일지라도 어떤 마음으로, 어떤 발원으로 행하느냐에 따라 그 결과는 달라진다.

될 수 있다면 베풀되 상대가 아무런 부담을 느끼지 않도록 몰래 베풀라. 베풀었지만 마음속에 베풀었다는 생각이나 좋은 과보를 바라는 마음을 놓아버리라. 베풀고도 그 마음을 텅 비울 수 있다면 그 사람은 이 세상의 모든 것을 얻게 된다.

또한 베풀면서 늘 베풂의 발원을 떠올려라. 똑같은 베풂이 단순한 나눔을 넘어 진리의 바라밀로 승화되는 전환의 순간이 될 것이다.

선행을 잊어라

지혜 있는 사람은 힘들여서 착한 일을 하고도
자기가 한 선행에 매달리지 않는다.
선행을 하고서도 그것을 잊어버리지 못하면
교만한 마음이 생겨 윤회의 굴레를 벗어나지 못한다.
선행을 하고서도 그것을 잊어버릴 줄 아는 사람이라야
모든 번뇌 망상에서 벗어날 수 있는 것이니
부지런히 선행하되 마음에 집착을 두지 말라.
『별역잡아함경』

참된 선행은 선행을 모른다. 참된 나눔은 나눔을 모른다. 스스로 베풂을 실천하고, 선행을, 나눔을 실천하고서도 스스로 마음에 담아 두지 않고 잊어버렸을 때 그 선행은 완성된다.

상대방에게 무언가를 나누어 주었다고 해서 그것이 선행인 것은 아니다. 다만 그것은 공간적으로 자리를 옮겨갔을 뿐이다. 그리고 그 옮김 또한 자기가 있어야 할 자리에 때가 되어 옮겨 갔을 뿐이다. 그저 그것이 있어야 할 바로 그 자리에 인연 따라 갔을 뿐이다. 문제는 바람이 불어왔다가 불어가듯 잠시 내게로 왔다가 스치고 간 것에 대해 '내 것'이니, '네 것'이니 하며 있지도 않은 소유의 관념을 불어넣는 데서 시작되었다.

'내 것'이 다른 사람에게로 간 것이 아니다. 그저 가야 할 인연 따라 제 길을 갔을 뿐이다. 거기에 '보시'니, '나눔'이니, '선행'이니 하는 관념을 불어넣지 말라. 그런 모든 '나'라는 아집에 기초한 관념을 놓아버리는 순간 이 세상은 완전히 풍요로운 곳으로 탈바꿈한다.

이처럼 지혜로운 사람은 선행을 하고 나서 선행에 얽매이지 않는다. 선행을 했다는 데 마음을 머물지 않으며 집착하지 않는다. 선행을 하고 나서 잊어버릴 줄 아는 사람이라야 모든 복락을 누릴 수 있고, 모든 번뇌 망상에서 벗어나 깨달음을 얻을 수 있다. 선행을 하고 잊지 못하면, 복락을 받고자 하는 마음이 남아 있기 때문에 그로인해 윤회의 수레바퀴에 갇히고 만다. 하고 나서 했다는 상이 없어야 모름지기 수행의 문에 들어설 수 있다. 함이 없이 선행을 행하라. 함이 없는 선행은 모든 복락의 어머니가 되고, 모든 지혜의 어머니가 된다.

행복하라, 평안하라, 안락하라

사물에 통달한 사람이 평화로운 경지에 이르러

이와 같이 선언하라.

살아있는 모든 것은 다 행복하라. 평안하라. 안락하라.

마치 어머니가 목숨을 걸고 외아들을 지키듯이

모든 살아있는 것에 대해서 한량없는 자비심을 발하라.

또한 온 세계에 대해서 무한한 자비를 행하라.

위로 아래로 옆으로, 장애도 원한도 적의도 없는 자비를 행하라.

서 있을 때나 길을 갈 때나

앉아 있을 때나 누워서 잠들지 않는 한,

언제나 이 자비심을 굳게 가지라.

『숫타니파타』

자비심에도 연습이 필요하다. 무작정 자비심이 일어나지 않는 것에 화를 내거나 답답해 할 필요는 없다. 우리 마음은 연습하고 반복되는 것에 대한 흡수율이 뛰어나기 때문에 자비심에도 연습이 필요한 것이다.

　'살아있는 모든 것은 다 행복하라. 평안하라. 안락하라.' 는 자비송을 내가 만나는 모든 대상에게 전하라. 입으로도 전하고 마음으로도 전하라. 처음에는 입으로 염송하지만 그것이 반복되다 보면 자비심이 내 세포 하나하나에까지 전달되어 내 존재 자체가 자비심으로 차오르게 되는 밝은 전환을 경험하게 될 것이다.

　자비의 계송을 입으로 염하고 마음으로 생각할 때 그 계송은 특별한 에너지와 기운으로 나와 내 주변의 세계에 고스란히 전달된다. 이 세계를 밝히기 위한 노력으로 불교 의식에는 축원과 발원이라는 독특한 방식이 있다. 입으로 마음으로 남을 위해 축원 해 주고, 발원 해 주는 것이 언뜻 보기에는 너무나도 작은 것처럼 느껴질지 모르지만, 진리의 언어는 침묵 아니면 자비가 담긴 축원에 있다. 자비의 계송을 세상 모든 이들을 향해 축복의 단비로 내릴 수 있도록 뿜어주라.

　자비심이야말로 모든 이들이 실천해야 할 가장 중요한 진리의 덕목이다. 일체 모든 존재에게 한량없는 자비의 마음을 발하라. '살아있는 모든 것은 다 행복하라. 평안하라. 안락하라.' 라는 자비의 계송을 늘 잊지 말고 내가 만나는 모든 존재들을 향해 나누어 주라. 이 한 마디 계송을 읊을 때 내 마음은 한없는 자비로 넘치며 내 주위는 자비의 광명으로 물결친다. 온 세계를 향해 한량없는 자비심을 내라.

인생
人生

올바른 웰빙이란 웰다잉과 다르지 않다. 웰다잉을 위해, 죽는 순간의 공부를 위해, 사는 순간 생사의 집착 없이 올바로 죽는 연습을 하는 것이다. 생사를 비롯한 양극단의 모든 분별을 죽이는 것이야말로 참말로 잘 죽는 웰다잉이다.

숲길을 홀로 걷는 즐거움

걷는 일에는 다섯 가지 미덕이 있다.

다섯 가지란 무엇인가.

첫째는 능히 달릴 수 있는 힘이 생기는 것이고,

둘째는 몸에 활력이 생김이며,

셋째는 졸음을 쫓아 깨어있을 수 있음이요,

넷째는 음식의 소화가 잘 되어 몸의 조화를 이룸이요,

다섯째는 선정의 마음을 얻기 쉬움이다.

『칠처삼관경』

걷는 것처럼 좋은 운동도, 좋은 수행도 드물다. 우리의 두 발로 우뚝 서서 걸을 때 자기 안에 자기중심이 서게 되고, 이 세상에 뿌리내릴 수 있는 힘이 생긴다. 걸을 때 능히 달릴 수 있고, 온갖 일을 해 낼 수 있는 힘이 생기며, 온몸에 활력이 생기고 밝고 건강한 기운이 돈다. 또한 졸음이며 혼침을 비롯한 온갖 번뇌를 쫓아 깨어있는 맑은 정신을 가져온다. 또한 소화가 잘 되어, 잘 먹고, 잘 자고, 잘 쌀 수 있는 건강한 몸의 조화를 이룬다.

또한 걷는다는 것은 단순한 육신의 문제가 아니라 정신의 문제이기도 하다. 우리 두 발로 대지 위를 딱 버티고 걸을 때, 우리 내면은 좀더 깨어있을 수 있으며 선정을 얻기 쉽다. 그래서 예로부터 경행의 수행을 중시해 왔다. 인간의 구조 자체가 두 발로 걷도록 되어 있다. 걸을 때 비로소 몸도 마음도 온전한 자신의 길을 가게 된다. 걷는다는 것은 나 자신으로 사는 일이고, 나 자신과 마주할 수 있는 소중한 순간이다. 걸었을 때 비로소 대자연과 내가 하나될 수 있다.

될 수 있다면 홀로 걷는 것이 좋고, 아스팔트보다 숲길을 걸을 수 있다면 더없이 좋다. 홀로 숲길을 걷는 즐거움, 그것을 그 어떤 즐거움에 비할 수 있단 말인가. 홀로 걷는 숲길, 그 길은 명상의 길이요, 사유의 길이며, 비움과 텅 빔의 길이다. 홀로 숲길을 걸을 때 우리 마음은 저절로 비워지고 고요해지며 생생하게 깨어 살아있음을 느낄 수 있다. 하루에 다만 한두 시간이라도 호젓하게 숲길을 거닐어 보라. 그 길이 인생의 길에도 이정표를 밝혀 줄 것이다.

내 중심이 나를 이끌도록 하라

온갖 점을 치는 일이나 해몽, 관상 보는 일을 완전히 버리고,

길흉화복의 판단을 버린 수행자는

세상에서 바르게 살아갈 것이다.

좋아하는 것이나 좋아하지 않는 것이나 다 버리고

아무것에도 집착하거나 매이지 않고

온갖 속박에서 벗어난다면, 그는 세상에서 바르게 살아갈 것이다.

『숫타니파타』

공부하는 수행자는 잘 되고 못 되었다는 분별이라거나, 좋고 싫다는 분별, 옳다 그르다라는 분별, 그리고 맞다 틀리다라는 분별부터 쉬어야 한다. 그냥 그냥 굳게 믿고 턱 놓고 살면 다 잘 사는 것이다. 잘 살고 못 살고를 나누어서 잘 사는 쪽을 선택한 그 잘 사는 게 아니라 그냥 그 양쪽을 넘어선 잘 사는 것이란 말이다.

길흉화복의 판단을 버린 수행자. 이 얼마나 거침없는 훤한 길인가. 내 앞에 펼쳐지는 그 어떤 경계라도 좋다거나 싫다거나, 잘 되고 있다거나 잘 안 된다거나, 길하다거나 흉하다거나, 화라거나 복이라거나 그 모든 분별들을 그냥 다 놓아버리고 거침없이, 걸림 없이 걸어 갈 수 있어야 한다.

좋고 싫음의 분별이 없으면 아무것에도 집착하거나 얽매일 필요가 없고 그는 온갖 속박에서 벗어날 수 있다. 길흉화복을 다 놓아버리면 그냥 다 잘 되고 있는 일인 것을, 애써 좋다 나쁘다 자꾸 분별을 해서 머리를 굴리니까 잘 되는 일이 틀어지고 '내식' 대로 짜맞춰지고 만다. 그게 내 딴에는 잘 하려고 그러는 거지만 사실은 머리는 굴리면 굴릴수록, 분별하고 취사선택하면 할수록, 옳다 그르다 나눠 놓고 옳은 것만 택하려 하면 할수록, 바르게 사는 것과는 자꾸 멀어지고 만다.

자기중심이 자꾸 흔들리고, 내 중심 내가 굳게 믿고 그 자리에 맡기질 못하니까 내가 나를 이끌어 가질 못하는 것 아니겠는가. 그러니까 자꾸 바깥으로 찾아 나선다. 점을 보고 해몽이나 관상을 보려고 한다. 밖으로 끄달리는 일체의 분별, 망상, 집착을 다 놓아버리고 내 안의 중심이 나를 이끌고 가도록 하라.

점을 보러 간다고?

사람이 점쟁이가 되어서

많은 사람을 그릇되게 꾀어 재물을 구한다면,

이 죄로 말미암아 지옥 속에서 한없는 고통을 받아야 하고,

지옥 생활이 끝난 다음에는 그 죄로 인해

악업의 몸을 얻고 태어나 계속 고통을 받게 될 것이다.

『잡아함경』

세상이 어려울수록 점쟁이가 판을 친다. 개인이 어렵고 삶이 불투명하며 불안할 때 누구나 점쟁이를 찾아가게 된다. 그러나 점쟁이를 찾는다는 것은 내 스스로 '나는 점쟁이의 노예가 되겠다'고 하는 것이나 다름없는 일이다. 얼마나 어리석은 일인가. 인간의 어리석음을 고스란히 드러내어 주는 것이 점쟁이를 찾는 것이고, 또한 그러한 어리석음의 틈을 비집고 들어오는 이들이 바로 점쟁이다.

그냥 재미로 본다거나, 그게 연연하지 않으면 되지 않겠냐는 생각이 얼마나 어리석은 일인가. 그렇다면 가지 말아야지. 점쟁이가 되어서 많은 사람에게 괴로움을 준다면 그 고통은 끝도 없이 이어진다고 했다. 점쟁이 자신도 자신의 삶을 어쩌지 못한다. 어리석은 점쟁이에게 어리석은 나를 맡긴다는 것이 얼마나 우매한 노릇인가. 점쟁이를 찾을 때, 내 지혜의 종자는 끊어지고, 내 마음의 중심은 온통 휘둘리게 된다.

이 세상의 모든 일은 내 스스로 만들고, 내 스스로 받으며, 고치는 것 또한 내 스스로 밖에 할 수 없다. 밝은 지혜와 바른 노력으로 내 스스로 내 삶을 분명하게 개척할 수 있고, 바꾸어 갈 수 있는데, 어리석게도 점쟁이를 찾게 되면 내 자신 안에 갖춰져 있던 무한공덕과 권능을 스스로 걷어차 버리는 꼴이 된다. 내 삶의 주인은 나다. 자꾸 다른 곳에서 대신해 줄 주인을 찾지 말라. 점쟁이를 찾음으로써 내 안에 깃든 맑고 밝은 정신을 훼손치 말라. 삶의 그 모든 문제의 해답은 내 안에 있다. 결코 점쟁이가 답을 내려줄 수는 없다. 내 안에 있는 답을 내 안에서 찾으라.

신통을 버리고 허물을 드러내라

부처님께서 나란타성의 파바리엄차 숲에 계실 때였다.

그때 한 장자의 아들 견고가 부처님께 문안드리고 여쭈었다.

"거룩하십니다. 부처님이시여.

만일 바라문이나 장자의 아들이나 거사들이 오거든

신통을 보이라고 제자들에게 분부하소서."

부처님께서 이에 대답하셨다.

"나는 모든 비구들에게 신통을 보이라고 가르치지 않는다.

나는 다만 조용한 곳에서 깊이 진리를 사유하고

자신에게 공덕이 있으면 마땅히 그것을 스스로 숨기고,

허물이 있으면 그것을 스스로 드러내라고 가르칠 뿐이다."

『장아함경』

신통을 보이지 말라. 자신의 공덕을 숨기라. 수행 중에 나타나는 신통이든 그 어떤 공덕이든 그것은 모두 거짓이요, 환영이며, 꿈이고, 신기루다. 신통과 공덕에 집착하고 그것을 스스로 자랑하고 드러내는 마음에는 한 치의 깨달음도 붙을 수가 없다. 그 마음이 곧 아상(我相)이기 때문이다.

자신을 드러내지 말라. 신통자재함을 드러냄으로써 자신을 과시하겠다는 생각이 있다면 깨달음은 저 멀리 달아나며 모든 공덕은 소멸된다. 수행 중에 나타나는 그 어떤 공덕이라도 모두 회향할 뿐 내 것으로 붙잡아 가두려 하지 말라. 그것을 스스로 내세우지도 말라. 다만 자신의 허물이 있으면 대중에게 활짝 드러내 그 허물을 닦으라. 허물은 드러낼수록 사라지고 공덕은 숨길수록 자란다.

우리는 다만 자리에 꼿꼿이 앉아 진리를 사유할 뿐이다. 스스로 사유한다는 생각도 없고, 스스로 수행한다는 생각도 없으며, 스스로 수행의 공덕을 믿지도 않는다. 수행 중에 그 어떤 공덕이나 신통이나 신비한 변화가 찾아올지라도 그것이 환영임을 알기 때문에 스스로 드러내지 않는다. 자신이 지은 그 어떤 공덕일지라도 그것을 입에 담는 순간 물거품처럼 흩어진다. 스스로 드러낼 수 있는 것은 오직 자신의 허물일 뿐이다.

무엇이든 드러내면 사라지고 숨기면 자란다. 공덕을 드러내면 공덕이 사라지고 허물을 드러내면 허물이 사라지며, 공덕을 숨기면 공덕이 자라고 허물을 숨기면 허물이 자란다. 무엇을 숨길 것이며 무엇을 드러낼 것인가.

부자는 세 번 괴롭다

부유함은 구할 때에 많은 괴로움을 겪어야 하고,

얻고 나서는 지키느라 또한 괴로움을 겪어야 하고,

잃고 나면 또한 근심하게 되어 괴로움을 겪어야 한다.

부유함이란 이런 세 가지 괴로움을 가져올 뿐

전혀 참된 즐거움이란 없는 것이다.

『백연경』

부유함이란 우리 몸에 잠시 편리를 주지만, 우리의 정신을 빼앗아 간다. 가난하고 청빈한 삶 속에서는 밝은 지혜가 증장하며 정진력이 서지만, 부유하고 편리한 삶은 어리석음과 게으름을 가져올 뿐이다.

부유함을 구하고자 하는 자는 항상 괴로움을 겪는다. 부유함을 구할 때 많은 괴로움을 겪고, 어렵고 괴롭게 얻고 나서도 그것을 지키느라 항상 근심 걱정이 끊일 날이 없으며, 인연이 다 되어 그것을 잃게 될 때 큰 괴로움을 겪게 된다. 얻을 때도 괴롭고, 지킬 때도 괴로우며, 잃을 때도 괴로운 것이 바로 부유함이다. 그러나 자족과 가난의 정신은 얻을 것이 없으니 즐겁고, 지키려고 애쓸 것이 없으니 즐거우며, 잃을 것도 없으니 언제나 즐거움뿐이다.

부유함을 위한 부유함을 버려라. 부자가 되기 위해 돈을 벌지 말라. 다만 열심히 근면 성실하게 살다 보면 부유함은 그저 부수적인 선물로 올 뿐이다. 그러나 그 선물에도 집착하면 안 된다. 집착하면 괴로움이지만 소유하고 있더라도 그 소유물에 집착하지 않으면 아무리 많이 소유하고 있더라도 청빈한 삶을 누릴 수 있다. 부유함이란 물질의 문제가 아니라 마음의 문제이기 때문이다.

부자란 많이 소유한 사람이 아니라, 스스로 만족하는 사람이다. 소유가 많은 사람이 아니라 만족이 많은 사람이다. 온갖 수단을 동원해 그 괴로운 부를 얻고자 하지 말고, 지금 이 순간 스스로 만족함으로써 참된 부를 찾고 참된 즐거움을 찾자.

세 번 괴로운 부를 찾을 것인가, 세 번 즐거운 청빈과 자족을 찾을 것인가.

술, 음주와 마음공부

술을 많이 마시면 가난해진다.

그러면서도 재물을 가벼이 여기고 사치를 좋아하여

집안을 망쳐 온갖 화를 부르게 된다.

또한 남들과 노름을 즐기고 다른 여색을 엿보게 된다.

이렇게 부정한 행동을 익혀서,

달이 그믐을 향해 이지러져 가듯이 타락해 가게 된다.

『장아함경』

술은 온갖 환난의 근본이요, 재앙의 근원이다.

술은 독 중의 독이요, 병 중에서도 고질병이다.

술은 날카로운 도끼 같아 착한 마음을 손상시키고 괴로움을 부른다.

술을 좋아하는 자는 부끄러움도 몰라 남의 경멸을 받게 된다.

그러므로 술을 마실 때는 언제나 절제하는 마음을 가져야 한다.

『제법집요경』

술은 지혜의 종자를 끊고 어리석음의 결과를 불러온다고 한다. 사람의 정신을 휩쓸고 가는 것은 술 만한 것이 없다. 술이야말로 재앙의 근원이고 환난의 근본이다. 과도한 술은 착한 마음을 손상시키고, 괴로움을 부르며, 경멸을 받게 된다. 술을 마실 때는 언제나 절제하는 마음을 가져야 한다.

사실 술 그 자체는 선도 악도 아니고, 좋고 나쁠 것도 없다. 술이라는 것 자체에 어떤 좋거나 나쁜 변하지 않는 성품이 있는 것이 아니다. 그러니 술을 먹는 행위 그 자체를 가지고 좋거나 나쁘다고 단정 지을 수는 없는 것이다. 문제는 '술'에 있지 않고 '사람'에 있다. 잘못이 있다면 술 자체가 잘못이 아니라 그 술을 먹는 사람에게 있는 것이다. 술을 먹고 정신을 잃어버리거나 취한 정신으로 온갖 악행을 한다면 그것은 술이라는 경계에 휘둘리는 것이다. 술이라는 것도 하나의 경계에 불과하다. 경계 그 자체는 언제나 좋고 나쁜 것이 아니다. 다만 경계를 받아들이는 사람에게 허물이 있을 뿐.

술이라는 경계에 휘둘리지 않고, 내 스스로 술이라는 대상에 마음을 빼앗기지 않으며, 스스로 절제하고 다스릴 줄 아는 사람에게 술은 나쁜 것이라고 할 수 없다. 한두 잔의 술로써 인간관계를 가꾸어 가며, 술이라는 도구로써 삶에 윤활유로 삼을 수도 있지만, 자칫 잘못하면 술이 인간을 망치는 도구가 될 수도 있는 것이다.

내 중심을 잡고 내 안의 주인공이 나를 이끌고 가야지, 술이라는 경계가 나를 이끌고 가게 해서는 안 된다. 술이라는 경계에 휘둘리지 말라.

웰다잉, 잘 죽는 공부

죽음에 이르렀을 때에도 생사의 분별에 집착하지 않으면

평생을 쌓아온 업장이라도 소멸할 수 있다.

일생을 수행했을지라도 임종에 이르러 생사에 집착하면

그 수행은 물거품이 되고 오히려 마귀의 포로가 되고 만다.

지금이라도 본래 마음을 깨달으면 다시 번뇌에 물들지 않는다.

『달마대사 혈맥론』

하루 중에도 잠자리에 들기 직전이 중요하다. 시끄러운 TV 소음에 시달리다 잠에 들면 잠든 내내 소음이 꿈속까지 뒤따라 와 정신을 뒤흔들어 놓지만, 잠들기 직전 고요한 와선 속에서 잠에 들면 밤새 고요함이 지켜진다.

가만히 잠들기 직전 무슨 생각을 하다 잠이 들었는지, 그리고 그 생각들과 꿈에는 어떤 연관이 있었는지를 떠올려보라. 잠들기 직전의 생각이 온통 꿈속까지 휘젓고 다니며 단잠을 방해하고 있음을 알아차리는 데는 그리 많은 노력이 필요하지 않다. 하루 중에 이처럼 잠드는 순간이 중요하듯, 일평생 가운데는 죽는 순간이 중요하다.

아무리 일평생 수행을 잘 했다 하더라도 죽는 순간 생에 집착하여 미련을 못 버린다면 그간의 모든 수행은 물거품이 되고 오히려 마귀의 포로가 되어 헤매고 말지만, 죽음에 이르러 생에 집착하지 않고 냉철한 깨어있음으로 죽음의 순간을 지켜본다면 일평생의 수행을 뛰어넘는 결과를 얻을 수도 있다. 죽는 순간 생사의 집착에서 자유롭기 위해 사는 순간에도 끊임없이 생사의 집착을 놓아버리는 공부를 하는 것이다.

하루 하루의 삶이 깨어있으며, 집착을 버리고 욕망을 거스르며, 온갖 번뇌를 놓아가는 쪽으로 비움과 수행의 삶을 사는 사람에게 죽음은 삶의 연장이다. 삶의 순간순간을 어떤 방식으로 살았느냐에 따라 죽는 순간을 어떻게 대처하느냐가 결정되어지기 때문이다. 올바른 웰빙이란 웰다잉과 다르지 않다. 웰다잉을 위해, 죽는 순간의 공부를 위해, 사는 순간 생사의 집착 없이 올바로 죽는 연습을 하는 것이다. 생사를 비롯한 양극단의 모든 분별을 죽이는 것이야말로 참말로 잘 죽는 웰다잉이다.

죽을 때 가지고 갈 수 있는 것

어떠한 부귀영화도 결국은 사라지게 마련이고,

아무리 건강한 몸이라도 질병에 시달리게 마련이며

젊음이라도 끝내는 늙음으로 돌아가고

어떠한 목숨이라도 죽음 앞에 무너지게 마련이니

영원한 것은 자비로운 마음으로 정법을 닦는 것이다.

그러면 임종에 이르러 후회하지 않게 될 것이고,

임종에 이르러 후회하지 않으면

집착이 없어 좋은 곳에 날 것이다.

『잡보장경』

생이 있는 모든 것은 반드시 사(死)가 있게 마련이다. 삶이 경이롭듯이 죽음 또한 경이롭고 신비롭다. 살아있음이 아름답듯 죽음 또한 아름다움의 시작이다. 죽음이 비참하고, 괴롭고, 어둡고, 무서운 것이라는 생각이야말로 인간이 만들어 낸 가장 큰 착각이다. 죽음은 또 다른 신비로운 세상으로의 여행이다. 언제나 미지로의 여행은 신비롭듯 다음 생으로의 여행 또한 신비롭고 설렌다.

물론 이번 생을 온갖 악행과 폭력과 화와 번뇌로 물들이며 악업을 쌓아온 사람에게 죽음은 괴로운 세상으로의 여행이 되겠지만, 선행과 자비와 사랑과 나눔과 깨어있음의 수행으로 한 생을 살아 온 사람들에게 죽음은 설레고 행복한 새로운 탄생을 의미한다.

누구나 태어나면 죽고, 건강하던 몸이 허약해지며, 부귀영화도 사라지고, 젊음도 늙음으로 돌아간다. 그러나 육신이 죽더라도 업력과 복력과 수행력은 다음 생의 또 다른 새로운 나를 형성시켜 갈 것이다. 선업을 짓고, 자비로써 복을 짓고, 깨어있음의 수행을 행한 이는 임종에 이르러 후회하지 않을 것이고, 후회가 없고 집착이 없는 이는 반드시 좋은 곳에 날 것이다.

죽음을 준비하는 것은 곧 삶을 어떻게 살아갈 것인가를 준비하는 것이다. 웰다잉이 곧 웰빙의 바탕이다. 만약 지금 이 순간 임종이 닥친다면 후회가 없을 것인가, 업과 복과 수행 앞에서 부끄럽지 않을 수 있겠는가. 죽고 나서 가지고 갈 수 없는 것들에 목숨을 거는 어리석은 삶을 그만 두라. 죽고 나서 가지고 갈 수 있는 것들이야말로 참되다. 복과 지혜, 나눔과 비움, 보시와 수행이야말로 유일하게 가지고 갈 수 있는 소중한 벗들이다.

배우자를 버리고 바람이 나면

여자가 스스로 제 몸을 지키지 못하고

바람이 나서 남편을 버리고,

남자가 마음이 방탕해서

아내를 버리고 다른 여인을 따르는 경우,

이런 사람은 다 악도에 떨어진다.

『잡아함경』

자신의 아내와 남편을 두고 다른 여자나 남자를 따르거나 애욕에 빠지진다면 이런 사람은 악도에 떨어진다. 청정이 모든 계의 가장 중요한 핵심이다. 순결과 청정을 잃으면 모든 계를 어기는 것이고, 모든 선의 종자를 끊어버리는 것이다.

　아내와 남편이라는 인연은 그 어떤 인연보다도 특별하다. 그 둘은 오랜 전생으로부터의 특별한 인연과 목적을 가지고 사랑을 완성하기 위해 이생에 자리 잡았다. 우주적인 증명과 붓다의 신의 서약으로써 그 둘의 사랑이 꽃피어난 것이다. 그러한 성스러운 약속과 증명을 파기시키는 불경스러움을 어찌 행할 수 있단 말인가.

　그렇기에 삿된 관계로써 청정을 잃게 되면 청정한 진리와 멀어지게 된다. 진리는 청정과 순결 앞에서 꽃피어난다. 남편이나 아내가 제 몸 하나 스스로 지키지 못해 청정을 잃게 된다면 그것은 배우자에 대한 예의가 아니며, 나아가 진리에 대한 예의가 아니다. 청정을 잃고 바람을 피우는 사람이 청정함의 가장 높은 봉우리인 진리와 수행을 어찌 입에 담을 수 있겠는가.

　이러한 삿된 애욕의 과보는 악도에 떨어지고 진리와 멀어지는 분명한 결과를 가져온다. 애욕은 내 몸을 불태우며 이번 생 뿐 아니라 다음 생의 삶까지 불태우고 만다.

가장 더럽고 부정한 일

다른 사람의 부인과 침대에 눕는 자에게는

네 가지의 대가가 돌아간다.

실패, 불안, 비난 그리고 지옥이 그것이다.

『법구경』

다른 사람이 내 어여쁜 누이 동생이나 부인을 욕보인다면

내 마음이 얼마나 아플 것인가.

다른 모든 사람들도 마찬가지이다.

그러므로 수행자는 목숨을 잃는 한이 있어도, 남의 여인에 대해

그릇된 생각이나 더럽혀진 마음을 일으키지 않아야 한다.

어찌 사악한 사음의 일을 생각이나 하겠는가.

『대방편불보은경』

이 세상에서 가장 청정하지 못한 행이 사음이다. 다른 사람이 내 어여쁜 누이 동생이나 부인 혹은 자식을 욕보인다면 과연 나의 마음은 어떠할까를 생각해 본다면 어찌 다른 사람을 욕보일 수 있겠는가. 내가 한 번 사음하게 되면 그것은 분명하게 과보를 맺는다. 다음 생에 내가 그대로 삿된 음행을 상대로부터 당한다거나, 내 부인, 형제, 누이, 자식이 다른 이로 하여금 당하게 될 수 있는 것이다.

또한 사음을 행하면 하는 일마다 실패를 반복하게 되는 과보를 받고, 항상 마음이 불안하며 번뇌의 불길에 휩싸이고, 모든 사람들이 자신을 비난하며, 죽은 뒤에는 반드시 지옥에 떨어져 오랜 고통을 받게 된다. 또한 청정하지 못한 사음을 행한 자는 청정한 부처님 진리의 가르침에서 점차 멀어져 간다. 진리와의 인연이 자꾸 멀어지고, 삿된 생각과 삿된 사상만이 그림자처럼 맴돈다.

이 세상에서 사음만큼 청정하지 못하며 더럽고 부정한 것이 없다. 어찌 사음을 할 것인가. 수행자라면 목숨을 잃는 한이 있더라도 남의 이성에 대해 그릇된 생각이나 더럽혀진 마음을 일으켜서는 안 된다. 하물며 몸으로써 어찌 사음을 행하겠는가.

정말 중요한 것은 사랑이다. 참된 사랑에는 삿된 것이 끼어들 여지가 없다. 내 안에 사랑이 깊고 모든 존재에 대한 사랑이 충만하다면 사음을 행하거나 타인을 욕보이는 행동은 입에도 담을 수 없을 것이다. 사랑이 있으면 거기에 순결이 있고, 맑음이 있으며, 투명한 정신이 깃든다.

부모님 공경이 곧 부처님 공경

모든 남자는 나의 아버지이며,

모든 여인은 나의 어머니로 알아라.

부모님은 세세생생 나를 낳아서

나로 하여금 도를 배우게 하시므로,

이제 깨달음을 얻는 것은 다 부모님의 은혜이니,

사람이 도를 배우고자 하면

먼저 효도로써 정진하지 않으면 안 된다.

『범망경』

부모를 효도로써 섬기는 데서 오는 과보는,

보살이 받는 과보와 동등하다.

『증일아함경』

부모님의 은혜는 부처님의 은혜와 동등하고, 부모님을 섬기는 데서 오는 과보는 불보살님을 섬기는 데서 오는 과보와 동등하다. 부처님께 예경하듯, 하느님께 예배하듯 부모님을 섬기고 부모님께 효도를 베푼다면 이 세상의 모든 선행의 으뜸이 된다. 부모님이야말로 지금의 나를 있게 한 뿌리이며, 근원적인 인연이기 때문이다.

부모님이나 부부, 자식처럼 나와 가까운 인연은 곧 내 안의 업이 투영된 관계라고 볼 수 있다. 그들 속에서 나를 볼 수 있어야 한다. 그들과 나와의 관계는 곧 내 안의 업을 녹이는 공부이기도 하고, 나 자신을 성장시켜가는 마음공부의 생생한 현장이다. 업장소멸의 열린 장이 바로 가족이요 부모다. 그렇기에 부모에 대한 효도야말로 우주적인 순리를 따르는 수행이요 자비의 시작이다.

부모님과의 관계가 바르지 못하다면 그 첫 단추가 나머지 사회생활의 모든 단추를 흐트러지게 만든다. 가족과의 관계 그 기초 위에서 모든 타인들과의 인연이 성숙되어 가는 것이다. 특히 효도는 모든 자비와 지혜의 첫 단추와도 같다. 그래서 부모님을 공경하는 것은 곧 부처님을 공경하는 것과 같다고 하는 것이다.

부모님처럼 가장 가까운 인연을 소중하게 간직할 수 있어야 한다. 가장 가까운 인연이야말로 내 업의 나툼이니, 부모님과의 관계가 껄끄럽고 아름답지 못하다면 그것은 부모님과의 닦아야 할 업이 많은 연유이다. 부모님을 잘 섬기고, 부모님께 효도하라. 그것이 업장소멸의 매우 빠른 길이고, 모든 공덕이 그로 인해 시작된다.

인생의 클라이막스

비록 백 년을 살지라도

마음이 어리석다면

고요한 마음으로

하루를 사는 것만 못하다.

『법구경』

비록 백 년을 산다고 하더라도 마음이 어리석고 탐욕스럽고 성냄을 일으킨다면 차라리 고요하게 그 마음을 비추며 한순간을 보내는 것보다 못하다. 백 년 살면서 탐내고 성내고 어리석은 업을 지으면 그것이 다 번뇌가 되고 업이 되어 윤회의 수레바퀴만 더욱 길어지게 만들 뿐이지만, 고요하게 그 마음 비추며 한순간을 보낸다면 그 한순간의 깨어있음은 억겁의 윤회를 쉬게 할 것이기 때문이다.

다만 한순간을 살더라도 고요한 마음으로 마음을 비추며 명상 속에서 산다면, 어리석은 마음으로 백 년, 천 년을 사는 것에 비할 수 없는 공덕이 생긴다. 어리석은 세월은 날이 갈수록 업장만 늘게 되지만, 고요한 한순간의 명상은 업을 소멸하고 지혜를 움트게 한다.

시간이란 환상일 뿐이다. 아무리 오랜 시간일지라도 단 한순간의 평화와 맞바꿀 수 없다. 지금은 바쁘고 정신이 없으니 나중에 기도하겠다는 사람, 지금은 삶이 버거우니 노후가 되어 조용할 때 수행하겠다는 사람, 지금은 돈이 많지 않으니 훗날 돈을 많이 벌게 되면 그 때 가서 보시하겠다는 사람, 그들은 백 년 천 년보다도 더 소중한 '지금 이 순간'이라는 인생의 클라이막스를 놓치고 있는 것이다.

지금 행하지 않으면 더 이상 시간은 없다. 지금까지 우리는 백 년 천 년을 뒤로 미루며 지금까지 오지 않았는가. 그렇게 찾아오던 최상의 때는 바로 지금이며, 최고의 장소는 바로 여기이다.

수행에서는 한순간도 버릴 것이 없다. 한순간이라도 마음을 고요히 하고 비추어 보라. 지난 백년 보다 찬란한 지금 이 순간을.

도반과 함께 가는 즐거움

만일 현명하고 잘 협조하며

행실이 올바르고 지혜로운 도반을 얻게 되면,

모든 어려움을 극복할 수 있으리니,

기쁜 마음으로 생각을 가다듬고 그와 함께 가라.

수행자는 참으로 도반 얻는 행복을 기린다.

자기보다 뛰어나거나 동등한 친구와는 가까이 지내야 한다.

그러나 만일 이러한 벗을 얻을 수 없으면

허물을 짓지 말고 무소의 뿔처럼 오직 혼자서 가라.

『숫타니파타』

내 삶의 길에 함께 할 수 있는 지혜로운 도반이 있다는 건 무엇과도 바꿀 수 없는 든든한 힘이다. 부처님께서는 참된 도반을 얻는 것을 깨달음의 전부를 얻은 것이나 다름없다고 말씀하셨을 정도로 도반의 필요성을 역설하셨다. 다만 지혜로운 도반이 없다면 차라리 혼자 가는 길이 아름답다. 수행자의 길은 무소의 뿔처럼 홀로 가거나 지혜로운 도반, 지혜로운 스승과 함께 가는 길이다. 어느 길이 더 좋거나 나쁜 것은 아니다. 다만 자신의 인연과 근기와 방식에 따라 자신의 길을 자기답게 가면 된다.

지혜로운 도반이란 잘 화합하고 협조하며, 신구의 삼업이 청정하여 말과 생각과 행동이 올바르며 바른 지혜를 가진 자를 말한다. 그런 도반을 만난다면 모든 어려움을 극복할 수 있다. 이같이 자기보다 뛰어나거나 동등한 친구와 가까이 지내면 나도 그 친구로 인해 지혜로워질 수 있으나, 나보다 못하거나 어리석고 사악한 친구를 만나게 되면 나 또한 어리석고 사악해진다.

도반은 서로 닮아간다. 함께 하면 서로가 서로의 기운과 마음과 법에 의해 서로 투영되며 영향을 주고받는다. 도반의 에너지와 파장은 서로에게 중첩된다. 도반의 영적인 성장은 곧 나의 성장으로 이어지고 내 수행의 깊이는 곧 도반에게 영향을 미친다.

외롭다고 아무하고나 함께 하지 말라. 함께 할 도반이 없다면 차라리 허물을 짓지 말고 무소의 뿔처럼 오직 혼자서 걸어가라. 도반의 에너지와 영적인 깊이가 나에게 나누어 져도 좋을 사람, 나보다 동등하거나 뛰어난 사람을 내 길의 도반으로 사귀어라.

가난해지는 이유

여섯 가지 집착이 있기 때문에

온갖 재물을 탕진하고 악도에 들어가게 된다.

여섯 가지란 무엇인가.

첫째는 술을 좋아하여 놀아나는 일이요,

둘째는 불시에 남의 여인의 방에 드나드는 일이요,

셋째는 도박에 빠지는 일이요,

넷째는 쾌락을 지나치게 좋아하는 일이요,

다섯째는 나쁜 벗과 사귐이요,

여섯째는 게으름을 피우는 일이니라.

『선생자경』

여섯 가지 집착하는 바가 있기 때문에 가난해지며 악도에 들어간다.

첫째는 술에 너무 집착하며 놀아나는 것으로 술과 유희를 좋아하면 재산을 잃을뿐더러 지혜와 정신까지도 잃게 된다.

둘째는 성적인 욕망과 집착으로 남의 여인과 잠자리를 함께하는 것으로 술과 이성의 욕망이야말로 가난해지는 두 가지 삿된 욕망이다.

셋째는 도박에 빠지는 것이니 오늘날에는 복권, 경마, 주식, 투기 등 정직한 노력 없이 허망한 하룻밤의 대박을 꿈꾸는 모든 것들을 포함한다.

넷째는 지나치게 쾌락을 좋아하여 항상 노래 부르고 춤추며 놀기를 좋아하는 것으로 정신이 맑지 못하여 바깥의 쾌락적인 향락에만 빠져 있다면 가난해지는 것은 당연하다.

다섯째는 나쁜 벗과 사귀는 것으로 나쁜 벗이란 정직한 노동의 대가를 싫어하며 잘못된 방법으로 돈을 모으기를 좋아하고, 마땅히 돈을 위해 친구에게도 사기를 칠 수 있는 사람이다.

여섯번째는 게으름을 피우는 것이니 성실하게 정진하지 않는 게으름뱅이에게 가난이 오는 것은 당연하다 할 것이다. 이 여섯 가지 때문에 사람은 온갖 재물을 탕진하고 악도에 들어가게 된다고 한다.

가난한 사람이 부자가 되고 싶고, 돈을 벌고 싶다면 돈에 대한 집착으로 너무 돈에 얽매여서는 안 된다. 오히려 돈에 대한 집착을 놓아버리고, 이상의 여섯 가지에 대한 집착을 버려야 한다. 이상의 여섯 가지 삿된 행위만 맑고 청정하게 정화되어 바뀔 수 있다면 현생에서 부자가 되는 것도 어려운 일이 아니다. 술, 이성, 도박, 놀이, 나쁜 벗, 게으름, 이 여섯 가지를 버리면 저절로 부유한 풍요의 것들이 내게 깃든다.

밥 먹을 때의 자세

병이 없는데도 별도로 국과 밥을 찾지 말지니 마땅히 배우라.

이미 밥과 국을 얻고서 더 얻기를 바라지 말지니 마땅히 배우라.

옆 사람의 음식과 비교된다고 불만을 일으키지 말지니 마땅히 배우라.

마땅히 발우에 주의를 집중하여 게으름 없이 관할지니 마땅히 배우라.

너무 많은 양의 음식을 한꺼번에 먹지 말지니 마땅히 배우라.

밥 때가 되기 전에 입 벌려 밥을 기다리지 말지니 마땅히 배우라.

밥을 입 속에 넣은 채로 말하지 말지니 마땅히 배우라.

『율장』

수행자는 행주좌와 어묵동정간에 일거수일투족이 모두 수행이 된다. 위의가 갖추어 진다는 것은 앉고 서고 걷고 눕는 모든 순간 순간이 그대로 집착을 버리고 깨어있음을 실천하는 수행의 순간이 되어야 함을 의미한다.

　공양하는 순간 또한 빨리 공양하고 다시 수행을 하기 위한 수단이 아닌 공양 그 자체가 수행의 순간이 된다. 공양하면서 많이 먹겠다는 욕심을 버리고, 좋고 나쁜 음식에 대한 분별을 버리며, 먹는 것에 주의를 집중하여 관찰하고, 음식을 씹는 순간에도 오직 씹는 데에 집중할 뿐 잡담을 하지 않는다. 공양이라는 것은 다만 수행할 수 있는 이 몸을 최소한으로 지탱할 수 있도록 하는데 그 목적이 있지, 보다 좋은 음식, 맛있는 음식을 많이 먹음으로써 욕심을 채우고 몸을 무겁게 하는데 목적이 있지 않다.

　우리의 먹는 일상을 돌이켜 보라. 배가 고프지 않은데도 음식들이 끊임없이 뱃속으로 밀려들어간다. 마트며 가게에서는 당장 입맛에 맞는 가공되고 자극적인 음식들이 쏟아져 나온다. 특별히 병이 없더라도 몸에 좋다는 먹거리는 무조건 먹고 봐야 한다. 입맛에 맞는 음식이 생기면 다 먹지 못할지라도 냉장고에 수북이 쌓아 두고 본다. 어머님의 정성어린 손길과 사랑이 담긴 식사보다도 1분도 안 되어 뚝딱 만들어지는 인스턴트 식품을 먹는 일들이 더 많아지고 있다. 끊임없이 시간에 쫓기다보니 그나마 식사시간도 최대한 아껴야 하고 허겁지겁 입안으로 빨리 쑤셔 넣어야 한다. 그러다보니 음식을 먹을 때도 먹는데 집중하지 못하고 음식이 입으로 들어가는지 코로 들어가는지, 무슨

맛인지 어떤 음식인지 조차 알지 못한다.

옛 수행자들은 먹는 일상 하나에서 조차도 성스러움과 축복과 평안의 덕목들을 만날 수 있었다. 식사 속에서 신을 만나고, 발우공양을 마음을 관하는 수행처로 삼았다. 먹는 사소한 일상 하나가 성스러워질 때 비로소 삶의 성스러움은 시작된다.

적게 먹는 즐거움

음식이 아무리 맛이 있더라도

제 양을 초과하여 먹어서는 안 된다.

오직 기력을 도와

몸을 이롭게 하는 데에서 그칠 줄 알아야 한다.

『대아미타경』

수행자는 음식을 탐닉해서는 안 된다.

사람은 누구나 자신에게 부여된 음식의 양과 수명이 있다.

그러므로 자기의 몫이 아닌 음식과 수명을 탐내서는 안 된다.

탐한다고 해서 자기의 몫이 아닌 것이 더 오지는 않는다.

『정법안장』

음식을 탐하면 수명이 짧아진다. 제 몫의 식복이 정해져 있기 때문이다. 음식에 대한 탐심을 많이 내어 이번 생 자신의 식복을 넘어서면 현생에 더 먹을 복이 없어지기 때문에 수명이 다할 수밖에 없는 것이다. 과식을 하면 복력 또한 소멸한다. 과식을 하는데도 오래 산다면 그 사람은 삶이 불행해지기 쉽다. 식복은 없는데 많이 먹으니 다른 복력들이 식복으로 대치되어 복력이 줄어들다 보니 불행해진다는 것이다.

이러한 사실은 현대 과학에서도 증명되고 있다. 미국 노화연구소에서는 소식을 꾸준히 실천할 경우 자연수명을 40% 연장시켜 170세까지 살 수도 있다고 연구결과를 내놓았다. 음식물 섭취를 줄이면 삶의 진행과정을 늦출 수 있고, 금욕으로 신체의 번식 전략을 생존전략으로 전환시키면 장수할 수 있다는 것이다. 또 다른 코넬 대학연구팀에서도 음식물섭취를 줄이면 2배에서 4배까지 수명이 증가한다고 발표했다.

이유야 어찌되었든 과식은 수행자에게 여러모로 도움이 되지 않는다. 과식은 정신을 혼란하게 만들며 온갖 욕구와 번뇌를 불러일으키고, 고요한 선정에 이르지 못하게 한다. 소식을 하면 몸도 마음도 경쾌하고 가벼워 쉽게 선정과 지혜를 얻을 수 있다.

수행
修行

오지도 않은 미래를 향해 마음을 애태우고, 이미 지나간 과거를 돌아보며 근심 걱정하는 것은 어리석음의 불로 스스로를 태우는 것. 현자는 이미 지나간 일에 집착하지 않고, 아직 오지 않은 미래에 대해 근심하지 않는다. 다만 지금 이 순간만을 최선의 지혜로 살 뿐, 다른 생각을 하지 않는다.

생각할 때는 생각만 있게 하라

들을 때는 들리는 것만 있게 하고,

볼 때는 보이는 것만 있게 하고,

생각할 때는 생각만 있게 하라.

『아함경』

들을 때는 오직 들리는 것만 있게 하라. 볼 때는 다만 보기만 하고, 생각할 때는 다만 그 한 가지 생각에 집중하여 비추어 보라. 어떤 것을 행할 때 다만 그것만을 행하라. 하나를 할 때는 오직 그 하나만을 우직하게 행하라. 오직 그 자체에 온 힘을 기울이고, 지금 이 순간의 모든 에너지를 쏟아라.

청소를 할 때는 다만 청소만 하고, 밥을 먹을 때는 다만 밥만 먹으라. 오직 지금 이 순간 행하는 것이 내 삶의 최종적인 목표가 되도록 하라. 또 다른 목표를 위해 지금을 희생하지 마라. 밥 먹고 나서 빨리 다른 일을 하기 위해 밥을 먹지 말고, 깨끗해지기 위해 청소를 하지 말라. 다만 지금 이 순간 밥 먹는 일이며, 청소하는 일 그 자체가 유일한 삶의 목적지이다.

명상과 수행의 길은 쉽고도 단순하다. '그것을 할 때는 오직 그것만 있게 하는 것', 그것이 바로 깨달음의 길이다. 사람들은 밥을 먹을 때 온갖 생각과 분별을 하고, 청소를 할 때도 빨리 해 놓고 다른 일을 하려고 한다. 우리의 삶을 돌이켜 보라. 언제나 다음 순간의 목적 달성을 위해 '지금 이 순간'을 허망하게 소비하고 만다. 끊임없이 바람과 목적을 달성하기 위해서 뛰고 달린다. 한 가지 목적을 달성했더라도 만족은 잠시 뿐이고, 또 다시 헐떡이며 뛰고 달릴 또 다른 목적을 설정한다. 죽을 때까지 또 다른 목적을 향해 뛰고 달리는 삶, 그것이 바로 우리의 현주소이다.

깨어있음이란 모든 바람과 욕망과 목적을 놓아버리고 오직 지금 이 순간의 삶을 누리고 만끽하는데 있다. 모든 우리의 행위에 완전히 집중하여 오직 그것을 100% 행하는데 있다. 모든 것을 행할 때는 오직 그것이 내 삶의 전부가 되라. 그것을 행할 때는 오직 그것만 있게 하라. 다른 그 어떤 것도 지금 이 순간 목적이 될 수 없다. 목적지를 향해 달려가는 우(愚)를 범하지 말라. '지금 여기'에서 내가 보고 듣고 느끼고 생각하는 그것이야말로 내 삶의 최종의 목적지다.

매 순간순간 목적지에 도착해 있으라. 수행자에게는 매 순간이 완성이요, 매 순간이 목적이고, 매 순간이 열반의 즐거움이다.

알아채면 사라진다

망상이 일어남을 두려워하지 말고
'알아차림'이 더딜까를 두려워하라.
망상이 일어나면 곧 알아채라.
알아채면 없느니라.
『수심결』

수많은 번뇌 망상이 일어나더라도 그로 인해 마음을 괴롭히지 말라. '왜 이렇게 망상이 많을까' 하고 답답해하지 말라. 망상을 없애려고 애쓰지 말라. 망상이 일어남을 두려워하지 말고 '알아차림'이 더 딜까를 두려워하라. 망상이 일어나면 곧 알아차려라. '망상' '망상' 하고 있는 그대로 알아차려라.

망상이 올라와서 어떻게 내 머릿속을 복잡하게 만들고 있는지 물샐틈없이 있는 그대로 비추어 보기만 하라. 알아차리는 순간 망상은 아무리 찾으려고 해도 찾을 수가 없다. 알아차리지 못할 때 망상이 우리를 괴롭히지, 알아차리는 순간 망상은 사라진다. 온전히 보고 있으면 그것이 우리를 뒤덮지 못한다.

망상이 일어나면 곧 알아채라. 알아채면 없다.

최선의 삶의 길

지나간 과거에 매달리지도 말고,

아직 오지 않은 미래를 기다리지도 말라.

오직 현재의 한 생각만을 굳게 지켜보아라.

그리하여 지금 할 일을 다음으로 미루지 말고 다만 하라.

참되게 굳은 관찰로 현재를 살아가는 것,

그것이 순간순간을 살아가는 최선의 길이다.

『법구경』

백 개의 절을 짓는 것이

한 사람을 살리는 것만 못하고,

시방 천하의 온갖 사람을 살리는 것이

하루 동안 마음을 지켜 관하는 것만 못하다.

『매의경』

과거는 이미 지나갔으므로 없고, 미래는 아직 오지 않았기에 없다. 있다고 생각하는 것은 다만 우리들의 관념일 뿐. 시간이란 개념도 환상에 불과하다. 과거를 살아본 사람이 있는가, 미래를 살아본 사람이 있는가, 다만 우리는 영원의 현재를 살아가고 있을 뿐이다. 우리의 삶은 오직 현재밖에 없다. 현재만을 살 수 있을 뿐이다. 지금 이 순간만이 영원하다. 지금 이 순간만이 실재이다. 지금 이 순간을 잘 사는 것만이 우리 삶의 전체를 잘 사는 것이고 참된 진리와 더불어 사는 길이다. 성공적인 인생을 꿈꾼다면 오직 '지금 여기'라는 현재에 내 삶의 모든 것을 걸어라.

지금 이 순간을 산다는 것은 다만 지금 이 순간을 온전히 알아차린다는 것을 의미한다. 이미 지나간 과거를 떠올릴 것도 없고, 오지도 않은 미래를 생각할 것도 없다. 이미 지나간 것은 고민한다고 그 누구도 되돌릴 수 없으며, 아직 오지 않은 미래 또한 걱정한다고 해결 될 수 있는 것이 아니다. 과거도 미래도 오직 현재의 자양으로써만 빛을 볼 수 있다. 다만 현재의 한 생각만을 굳게 지켜보라. 다만 지금 여기라는 현재에 내 모든 것을 걸라. 그것이 순간순간을 살아가는 최선의 길이다.

백 개의 절을 짓는 것 보다, 수천 수만의 사람들을 살리는 것 보다 하루 동안 마음을 관하는 것이 더 보배로운 일이다. 백 개의 절을 지은들 자기 마음이 깨어있지 못하면 지옥의 불길을 면할 수 없지만, 단 한 순간이라도 온전하게 깨어나 자신을 지켜보는 것은 번뇌의 불길을 잠재우고 깨달음의 불씨를 살리는 일이 되기 때문이다.

'지금 여기'가 내 삶의 전부

내 인생에서 가장 행복한 날은 언제인가.

바로 오늘이다.

내 삶에서 절정의 날은 언제인가.

바로 오늘이다.

내 생애에서 가장 귀중한 날은 언제인가.

바로 오늘 '지금 여기' 이다.

어제는 지나간 오늘이요, 내일은 다가오는 오늘이다.

그러므로 오늘 하루를 이 삶의 전부로 느끼며 살아야 한다.

『벽암록』

오늘 하루, 아니 지금 이 순간이 내 삶의 전부이다. 지금 이 순간이 내가 그렇게 바라고 바라던 그 꿈이 이루어진 순간이다. 아직 이루어지지 않았다고 하지 말라. 이미 이루어질 것은 다 이루어졌다. 늘 법계는 충만하고 완전하다. 항상 이루어졌는데 아직 안 이루어졌다고 착각하는 이유는 지금 이 순간을 전부로 살지 않는 때문이며, 지금 이 순간에 주어진 것들에 만족하고 있지 않기 때문이다.

지금 이 순간이 그대로 만족의 순간이고, 모두를 이룬 순간이고, 더 이상 이룰 것이 없는 순간이 되도록 하라. 지금 이 순간을 사는 것 외에는 아무것도 할 것이 없는 사람처럼 살라. 그러면 그대로 평온하다. 자유롭고 행복하며 평화롭다. 언제나 누구에게나 '지금 이 순간'은 부처님이 선물해 주신 가장 완벽한 순간이라는 것을 잊지 말라. 오늘 하루를, 아니 지금 이 순간을 내 삶의 전부로 느끼며 살아야 한다.

어제는 지나간 오늘이요, 내일은 다가오는 오늘이다. 우리는 단 한 순간도 어제나 내일을 살아본 적이 없다. 우리는 단 한 순간도 과거나 미래를 살아 본 적이 없다. 과거를 살았을 때도 그 순간은 오늘이었고, 앞으로 살아야 할 미래 또한 그 순간은 오늘일 수밖에 없다. 언제나 우리는 오늘을 살고 있을 뿐이며, '지금 이 순간'을 살 수 있을 뿐이다.

아무런 실체도 없고 이름뿐인 과거나 미래를 살지 말라. 오직 지금 이 순간을 살라. 아무 의미도 없는, 이미 지나간 과거에 얽매이거나 오지도 않은 미래를 걱정하느라 내 인생 최고의 절정의 순간인 '오늘 이 순간'을 허망하게 소비하지 말라. '지금 이 순간'만 살고 죽을 것처럼 행동하라. '지금 여기'를 100% 사는 것이야말로 무한한 영원을 사는 길이다.

현재에 최선을 다할 뿐

지나간 일에 대해 집착하지 않고 미래에 대해 근심하지 않는다.

현재에 얻어야 할 것만을 따라 바른 지혜로 최선을 다할 뿐,

다른 생각을 하지 않는다.

미래를 향해 마음을 달리고 과거를 돌아보며 근심 걱정하는 것은

마치 우박이 초목을 때리는 듯

어리석음의 불로 스스로를 태우는 것이다.

『잡아함경』

오지도 않은 미래를 향해 마음을 애태우고, 이미 지나간 과거를 돌아보며 근심 걱정하는 것은 어리석음의 불로 스스로를 태우는 것. 현자는 이미 지나간 일에 집착하지 않고, 아직 오지 않은 미래에 대해 근심하지 않는다. 다만 지금 이 순간만을 최선의 지혜로 살 뿐, 다른 생각을 하지 않는다.

미래에 대한 준비도 하지 말고, 과거의 경험과 지혜도 다 버리라는 말이 아니다. 과거와 미래에 대해 집착하는 마음을 버려야 한다는 말이다. 과거도 미래도 놓아버리고 다만 현재를 살아가는 것이 가장 미래를 잘 준비하는 것이며, 지나간 과거를 아름답게 회향하는 길이다.

내일 있을 일을 왜 오늘부터 미리 고민해야 하는가. 1년 후에 있을 수능이며, 몇 달 후에 있을 진급을 왜 미리부터 고민하고 걱정하느라 나의 에너지를 낭비하는가. 내 인생 황혼의 노년을 왜 지금부터 고민하는가. 짧은 노후에 쓸 자금 마련을 위해 왜 길고 긴 청춘을 다 쏟아버리는가.

어차피 인생은 불안정할 수밖에 없으며 그렇기 때문에 아름다운 것이다. 미래를 알 수 없다는 불안감, 그것으로 인해 삶은 생기 어린 것이다. 모든 것이 정해져 있고, 확정적이라면 삶은 얼마나 생기를 잃고 따분할 것인가. 내일이 정해져 있지 않고 안정되지 않은 그 사실을 받아들이라. 받아들이는 순간 두려움은 사라지고 현재를 온전히 살아갈 수 있는 지혜가 열린다.

미래에 대한 고민을 버리고, 내일이라는 단어는 아예 생각조차 하지 말라. 미래나 내일이라는 것은 우리가 만들어 낸 이름일 뿐 실체가 없다. 오직 우리 삶에는 현재만이 있을 뿐이다. 결국 현재를 어떻게 사느냐가 내 삶의 전부를 결정짓는다.

다만 지금 이 순간 내가 할 수 있는 현재의 최선을 다하자. 그것이 미래의 온전한 준비이고 과거의 아름다운 회향이다.

선에 들어가는 문

사람들이 흔히 말하는 중생이란 무엇인가.

육신에 집착하고 얽매이는 것이 중생이다.

보고 듣는 느낌 생각 의지 의식에 집착함이 중생이다.

그러므로 육신의 집착과 얽매임에서 벗어나야 하고,

보고 듣는 느낌과 생각에서 벗어날 수 있어야 하며,

의지와 의식의 속박에서도 벗어날 수 있어야 한다.

그러한 애착을 끊어버려야 괴로움에서 벗어날 수 있다.

『잡아함경』

눈으로 사물을 보되 사물에 집착하지 않고

귀로 소리를 듣되 소리에 집착하지 않으면 그것이 해탈이다.

눈이 본 것에 집착하지 않으면 눈이 선에 들어가는 문이 되고,

귀가 소리에 집착하지 않으면 귀가 선에 들어가는 문이 된다.

사물의 겉모습만을 보는 사람은 그 사물에 구속되지만

사물의 무상함을 깨달아 집착하지 않으면 언제나 자유롭다.

무엇엔가 얽매이지 않는 것이 바로 자유로움인 것이다.

『달마대사 오성론』

눈에 보이는 대상에 집착하지 않고, 귀에 들리는 말에 집착하지 않으며, 코로 느껴지는 향기에, 혀로 맛보아지는 맛에, 몸으로 느껴지는 촉감에, 또 온갖 생각과 뜻의 대상에 집착하지 않으면 눈귀코혀몸뜻이 그대로 선에 들어가는 문이며, 명상의 길이 된다. 당장 눈앞에 보이는 것에만 집착하면 그 대상에 항상 구속되지만, 그 사물의 이면에 담긴 무상함, 항상 하지 않음을 깨달으면 집착할 것이 본래 없음을 알게 되어 언제나 자유롭다.

참된 자유로움이란 눈귀코혀몸뜻이 그 대상에 얽매이지 않는 것이다. 무엇을 보더라도 집착 없이 보고, 무엇을 듣더라도 얽매임 없이 들으며, 향기나 맛이나 촉감에도 빠지지 말고, 스스로 만든 생각 속으로 빠져들지 말라. 무엇을 하더라도 함이 없이 행하는 것, 그것이 참된 자유로움에 이르는 길이다.

분명히 자각하여라

네가 어떤 것을 볼 때 너는 네 마음을 보고 있는

그 자체에 집중하고 그것을 분명히 자각하여라.

네가 어떤 소리를 들을 때, 냄새를 맡을 때, 무엇을 만질 때

너는 항상 그 대상에 마음을 집중시키고 그것을 분명히 자각하여라.

그러나 그렇게 하면서도, 그것들이 다 마음의 대상일 뿐임을 알아

거기에 어떤 분별을 일으키지 말고

애착이나 증오 또한 일으키지 말아야 하느니라.

『아함경』

자각한다는 것은 모든 지혜의 근본이고, 모든 명상의 기본이다. 눈으로 어떤 것을 볼 때, 귀로 어떤 것을 들을 때, 코로 어떤 냄새를 맡을 때, 혀로 맛을 볼 때, 몸으로 촉감을 느낄 때, 생각으로 어떤 것을 헤아릴 때, 항상 그 대상에 마음을 집중하여 분명히 자각하는 것이 중요하다. 눈으로 볼 때는 보고 있음에 집중하여 분명히 보고 있음을 자각하고, 귀로 들을 때는 듣고 있는 소리에 집중하여 분명히 자각해야 한다.

분명하게 자각한다는 것은 그 대상에 대해 좋다거나 싫다거나 분별하는 것이 아니라 다만 아무런 분별도 일으키지 않고 다만 자각하여 바라보기만 하는 것이다. 머리 속에서 좋다거나 싫다거나, 맞다거나 틀리다거나 하는 등의 분별을 일으키지 말고 다만 묵묵히 비추어 보기만 하라.

쉽게 말해 눈이 대상을 볼 때, 보는 순간을 잘 관찰함으로써 오직 '보기만 할 뿐' 좋거나 나쁘다는 극단의 분별을 이어가지 않도록 해야 한다. 귀로 소리를 들을 때도 소리를 듣는 순간을 잘 관해 소리에 휘둘리지 않아야 한다. 칭찬을 들었다고 들뜨고, 비난을 들었다고 가라앉지는 않은지 소리를 잘 관함으로써 양 극단에 휘둘리지 않아야 한다. 이와 같이 우리 몸의 감각기관이 세상의 대상을 접촉할 때를 잘 관찰할 수 있어야 한다. 온전히 지켜보고 관하게 되면 좋거나 나쁜 느낌을 여읠 수 있고, 느낌을 여의면 애욕과 집착을 따라서 소멸시킬 수 있다.

우리 몸의 감각기관이 외부의 대상을 접촉하는 순간을 주의 깊게 지켜보라. 접촉하는 순간 잘못된 판단이나 분별을 만들어내지 않도록.

마음을 반조하여 관하라

준마가 힘차게 달리지만 실족하지 않는 것은

재갈과 고삐로 제어하기 때문이요,

소인배의 억지가 아무리 강하더라도

세상을 제멋대로 할 수 없는 것은 형벌이 그를 통제하기 때문이다.

물처럼 흐르는 의식이 대상에만 이끌려 다니지 않는 것은

사물을 깨달아 반조(返照)하는 힘이 있기 때문이다.

『선림보훈』

만일 갠지스강의 모래알과 같이

많은 수의 금은보화로 칠보 탑을 쌓을지라도

잠시 동안 제 마음을 관(觀)하는 것만 같지 못하다.

칠보 탑은 결국 부서져 티끌이 되지만

마음을 관하는 것은 마침내 부처가 되기 때문이다.

『화엄경』

288

나 자신을, 내 마음을 내 스스로 제어할 수 있어야 한다. 다스릴 수 있어야 한다. 말을 고삐로 제어하듯, 소인배를 형벌로써 제어하듯, 내가 내 자신을 제어할 수 있어야 현자이고 수행자라 할 수 있을 것이다. 나 자신을 제어하는 유일한 고삐는 '깨달아 반조하는 힘' 바로 '깨어있는 비춤'이다.

비추어 보라. 알아차려라. 관하라. 비추어 보았을 때 내가 나를 제어할 수 있고, 내가 나를 다스릴 수 있다. 외부적인 대상에 이끌려 이리 휘둘리고 저리 휘둘린다면 어찌 내 안에 당당한 주인공을 세울 수 있겠는가. 내가 내 삶의 주인이 되고, 우뚝 선 내 안의 중심을 잡기를 바란다면 마땅히 깨달아 반조하는 힘이 있어야 한다.

아무리 많은 양의 재물을 가지고, 아무리 좋은 집에 좋은 차에, 수많은 돈과 명예와 권력을 가지더라도 잠시 동안 제 마음을 반조하여 관하는 것만 같지 못하다. 물질은 항상 하지 않고, 결국에는 무너져 티끌이 되지만, 마음을 관하는 것은 마침내 깨달음을 이루기 때문이다.

부귀는 반드시 빈천으로 돌아간다. 물질적인 부유며, 명예와 권력, 지위 이 모든 것은 한낱 꿈과 같고 아지랑이와 같아 언제까지 나에게 있어주지 않는다. 그런 외부적이고 물질적인 것에 이끌려 휘둘린다면 언제까지고 행복을 얻을 수 없다. 물질적인 것의 유무에 나의 행복을 건다는 것은 얼마나 어리석은 일인가. 대장부라면 마땅히 마침내 깨달아 대자유를 이루는 것에 마음을 두어야 할 것이니, 그것은 바로 제 마음을 반조하여 관하는 일이다.

아무것도 일어남이 없다

수행하는데 가장 중요한 핵심은

보통 사람이 가지고 있는 번뇌와 망상을 없애는 것이다.

모름지기 생각을 비우고(止, 定) 마음을 비추어 보아서(觀, 慧)

한 생각 인연 따라 일어나는 것이

사실은 진리의 세계에서 보면 실체가 없어 공하기 때문에

아무것도 일어남이 없음을 믿어야 한다.

『선가귀감』

수행의 가장 중요한 핵심은 지관(止觀)에 있다. 지(止)란 올라오는 생각이나 잡념 번뇌, 욕심과 집착을 멈추고 비우는 일이고, 관(觀)이란 가만히 비추어 보는 일이다. 번뇌를 비우고 집착을 버리고 적적한 삼매 속에서 분별없이 비추어 보면 한 생각 일어나는 것이 모두 인연 따라 실체 없이 오고 가는 것임을 알게 되어 일체 모든 것이 공(空)함에 눈을 뜨게 된다. 그렇게 되면 결국에는 이렇게 세상사 수많은 풍파가 일어나고 사라지지만 결국에는 아무것도 일어남이 없다는 것을 알게 된다. 본래 아무 일도 없었고, 아무 일도 일어나지 않는다는 사실만이 남는다.

인생사에 아무리 많은 괴로움과 온갖 일들이 벌어졌다고 하더라도 본질의 입장에서 본다면 모두가 꿈과 같은 것이고 환영이요 신기루와 같은 것일 뿐이다. 본연의 자리에서는 언제나 아무 일도 없다. 존재도 존재가 벌이는 일들도 모두가 텅 비어 있다. 눈앞에 보이는 것들은 다만 인연 따라 잠시 꿈처럼 벌어지는 공한 것일 뿐이다.

그렇기에 꿈과 같고 연극과 같은 이 삶의 무대 위에서 한바탕 연극의 주인공이 되어 인생의 순간순간을 즐기고 누리며 만끽하고 살 줄 알아야 한다. 크고 작은 괴로움에 마음이 걸려 매번 넘어지기를 반복할 것이 아니라 그것들이 모두 실체가 있는 것이 아니라 다만 연극의 각본일 뿐임을 알아 그물에 걸리지 않는 바람처럼 걸림 없이 살다 갈 수 있어야 한다. 그랬을 때 나도 없고 남도 없고, 있는 것도 없는 것도 모두 공하며, 온갖 번뇌 망상도 꿈처럼 사라지고 지고한 안온만이 남는다. 그 자리를 증득키 위한 핵심의 정점에 지와 관, 정(定)과 혜(慧)가 있는 것이다.

하루 생활수행법

새벽에는 기도하며 정진하고,

낮에는 부지런히 맡은 바 일을 하고,

밤에는 지혜의 경천을 읽어 스스로 통달해야 한다.

『불유교경』

일상의 삶을 살아가는 모든 이들에게 하루하루의 일상생활에 대한 금쪽같은 조언이다. 역사 이래로 지혜로운 모든 이들의 공통점은 새벽에 일찍 깨어나 기도한다는 점이 아닐까. 새벽의 기도는 하루의 재앙을 거두어 주고, 새로운 마음으로 발심하게 한다. 낮에는 부지런히 맡은 바 임무, 직업, 일을 온전히 집중함으로써 깨어있는 삶으로 가꾸어야 하고, 밤에는 지혜의 말씀을 읽어 스스로 밝아져야 한다.

　새벽과 낮 시간과 잠들기 전에 이 세 가지로써 삶을 가꾸어 가는 사람이라면 지혜로운 사람이라 할 것이다. 새벽에 기도하고, 낮에는 맡은 바 일에 최선을 다해 집중하고, 밤에는 지혜의 경전을 읽어 스스로 통달하는 일, 그것이 모든 현자들의 삶이다.

수행의 이유

모든 중생을 보니 생로병사와 우비고뇌의 불에 태워지고,

또 오욕으로 재물과 이익을 구하므로 갖가지 괴로움을 받으며,

또 탐내고 애착하여 구하므로 현세에는 여러가지 고통을 받다가

후세에는 지옥, 축생, 아귀의 고통을 받으며,

혹은 천상에 나거나 인간계에 날지라도 가난하고 궁색하며,

사랑하는 자와의 이별과 미워하는 자를 만나는 등의

갖가지 고통이 있느니라.

중생은 이 가운데 빠져 기뻐해 노닐며

그 고통을 깨닫지도 알지도 못하며,

놀라지도 두려워하지도 않으며 또 싫증도 내지 아니하고,

해탈을 구하지도 아니하며,

불타는 집 같은 이 삼계에서 동분서주 마구 달려

큰 고통을 당할지라도 이를 근심하지 않느니라.

『법화경』

누구나 생로병사 우비고뇌의 불에 태워지고 있으며, 색성향미촉법 다섯 가지 경계가 사람의 욕심을 일으키도록 하여 오욕으로 말미암아 온갖 재물과 이익을 구하고 그로 인해 온갖 고통을 받고 있다. 그러니 죽어서도 지옥, 아귀, 축생의 고통을 받으며, 천상이나 인간계에 나더라도 가난하고 궁색하다.

그뿐인가. 사랑하는 자와의 이별이 기다리고 있고, 미워하는 자와의 만남도 기다리고 있다. 그야말로 갖가지 괴로움이 우리를 기다리고 있다. 그런데도 중생들은 그런 한가운데 빠져 기뻐하고 노닐고 있다. 그 고통 속에서도 잠시의 달콤함에 빠져 고통이 고통인 줄 미처 알지도 못한다. 하물며 깨달음을 얻고자 해탈을 구할 수 있겠는가. 불타고 있는 삼계라는 집에서 동분서주 이리 저리로 정신없이 날뛰고만 있지 큰 고통을 당해도 근심하지 않는다. 무언가 삶에 대한 근원적이고 본질적인 문제의식이 없다.

이 얼마나 당혹스럽고 안타까운 일인가. 왜 지금의 이 상황이 문제인지 당황스런 일인지를 알아야 한다. 아직도 그것을 모르고 있는 것은 아닌가, 여전히 달콤함에 빠져 있는 것은 아닌가. 삼계가 불타는 집인 줄 아는 사람만이 불타는 집에서 빠져 나올 수 있다.

게으름은 죽음의 길

부지런함은 생명의 길이요 게으름은 죽음의 길이다.

부지런한 사람은 죽지 않지만 게으른 사람은 죽은 것과 마찬가지다.

항상 힘써 게으르지 않고 스스로를 자제할 줄 아는

지혜 있는 사람은 홍수로도 밀어낼 수 없는 섬을 쌓는 것과 같다.

게으름에 빠지지 말라.

육체의 즐거움을 가까이 하지 말라.

게으르지 않고 생각이 깊은 사람만 큰 즐거움을 얻게 되리라.

부지런함을 즐기고 게으름을 두려워하는 수행자는

크고 작은 온갖 속박을 불같이 태우면서 나아간다.

『법구경』

부지런함은 생명의 길이요, 게으름은 죽음의 길이다. 부지런한 사람은 죽지 않는 밝은 생명의 삶을 사는 사람이지만, 게으른 사람은 몸은 살아 있지만 생명의 몸짓은 이미 죽어 있는 자다. 몸뚱이에 대한 집착이 클수록 몸을 움직이기 싫어 게으르며, 육체의 쾌락만을 좇아 이리 저리로 휩쓸리는 삶을 살게 된다. 그러한 사람은 끊임없이 업장

만 늘려 나가게 되고, 죽음의 그림자가 드리운다. 그러나 부지런한 사람은 홍수로도 밀어낼 수 없는 섬을 쌓는 것과 같아서, 그 어떤 삶의 역경이 홍수처럼 밀려오더라도 한 치의 흔들림 없이 자기중심을 당당히 세우고 살아갈 수 있다. 또한 부지런한 자에게 닥쳐오는 크고 작은 온갖 속박과 번뇌, 역경을 불같이 태우면서 살아갈 수 있다.

선법을 닦지 못할 때가 있다

비유하면 어떤 사람이 물에 떠내려가면

작은 선도 닦아 익힐 틈이 없는 것처럼,

중생도 또한 그러하여

거친 번뇌의 흐름에 떠내려가다 보면

선법을 닦아 익히지 못한다.

『열반경』

그나마 지금 이렇게 책이라도 읽을 수 있고, 조금이나마 여유도 있고 가진 것도 있을 때 베풀 수도 있고, 복도 지을 수 있고, 선을 행할 수 있으며 수행도 할 수 있는 것이다. 너무나도 거친 번뇌의 흐름에 한번 빠지다 보면 주위를 돌아볼 틈도 없고, 나 하나 챙기기도 벅차고 버겁고 무거울 때가 있다. 그 때가서 수행하고 베풀려고 해 봐야 이미 늦는다.

그러니 조금이라도 여유 있을 때 많이 베풀고, 주위도 좀 돌아보고, 선법을 닦아 익히고, 수행 정진하지 않을 수 없다. 그러지 않으면 점차 거친 번뇌의 흐름에 급격하게 빠져들지 어찌 알겠는가. 한번 빠져들면 점차 선법을 닦아 익힐 인연이 멀어져 버리고 만다. 멀어지기 전에, 지금 당장 작은 베풂이라도 실천할 수 있을 때, 마음 닦을 수 있을 때 실천하지 않으면 안 된다.

실천은 오직 지금 이 순간만 할 수 있지, 형편이 낳아졌을 때, 몇 년 후에, 그 때는 오지 않는다. 오직 지금 여기에서만 실천할 수 있다. 지금 실천하지 않으면 거친 번뇌의 흐름에 떠내려갈 날만 가까워진다.

법문을 듣기만 해서는 안 된다

중생들 가운데 부처님의 가르침을 듣고서도
번뇌를 끊지 못하는 이가 있다.
법을 듣고도 탐내고 성내고 어리석은 것은 무슨 까닭인가?
듣는 것만으로는 부처님의 진실한 가르침을 알 수 없으니,
그것은 남의 약은 잘 지어주면서도 제 병은 못 고치는 것 같고,
남의 보물을 세면서 자신에게는 반 푼의 소득도 없는 것 같으며,
귀머거리가 음악을 연주해도 자신은 못 듣는 것과 같고,
소경이 그림을 그려 보이지만 자신은 못 보는 것과 같다.
이처럼 가르침을 배우고도 실천수행하지 않으면
아무리 똑똑해도 소용없다.

『화엄경』

부처님의 가르침을 듣기만 하고, 스님들의 가르침을 듣기만 하고, 책을 찾아 읽기만 하고, 또 인터넷 속에서 수많은 자료며 설법 등을 읽기만 하는 사람, 그래서 머리 속으로 굴리고 따지고 해석하기에만 정신이 없는 사람, 그런 사람은 가난한 사람이 남의 돈을 세어도 자기는 반 푼도 차지할 수 없듯이 그것은 남의 수행을 얼핏 보기만 할 뿐 자신의 수행이 되지 못한다.

마음을 비우니 좋다더라, 욕심과 집착을 버리니 좋다더라, 어려운 이웃에게 많이 베푸니 좋다더라, 마음을 관하는 수행은 이러이러해서 좋다더라, 아무리 외쳐본 들 스스로 집착을 버리지 못하고, 번뇌를 버리지 못하며, 한 푼이라도 남에게 베풀지 못하고, 자신의 마음을 직접 들여다보지 못한다면 그런 사람은 백가지 약을 잘 알고 있는 의사도 병에 걸려 낫지 못하듯이 그것은 말로만 생각으로만 마음공부일 뿐 자신의 수행이 되지 못한다.

부처님의 가르침을 듣고도 번뇌를 끊지 못하는 이유는, 법을 듣고도 탐내고 성내고 어리석은 이유는, 법문을 듣기만 해서 그렇고, 책을 읽기만 해서 그렇고, 스스로 실천하고 수행하지 않아서 그렇다.

맛있는 음식이 아무리 많이 차려져 있어도 스스로 그 음식을 먹고 맛을 보지 못한다면 음식 곁에서도 굶어 죽을 것이지만, 단 한 끼의 소박한 밥상이라도 스스로 먹고 맛을 본다면 배가 부를 것이다. 직접 먹을 것이지 맛있다고 듣고만 있을 일이 아니지 않은가.

절제하며 게으르지 말라

생활의 즐거움만을 쫓아 구하고 모든 감관을 보호하지 않으며,

먹고 마심에 정도가 없고, 마음이 게으르고 겁이 많으면,

악마는 마침내 그를 뒤엎는다.

바람이 약한 풀을 쓸어 넘기는 것처럼.

생활의 즐거움만을 구하지 않고 모든 감관을 잘 지키며,

먹고 마심에 절도가 있고, 항상 정진하여 믿음이 있으면,

악마는 그를 뒤엎지 못한다.

마치 바람 앞에 우뚝한 산처럼.

『법구경』

    생활은 조금 불편해야 좋은 것이다. 너무 편하면 게을러지고 자신의 빛을 잃는다. 눈귀코혀몸뜻을 가만히 내버려 두고 보호하지 않으면 이내 그 육신의 감각은 좋은 것만을 가리게 되고 욕망에 뒤덮인다. 그러면 나아가 먹고 마시는 일에 절제가 없어지고 몸은 게을러져 어떤 일도 스스로 해 나갈 수 없게 되며 나약해지고 겁이 많아지게 마련이다. 그랬을 때 그 나약한 마음의 틈을 타고 악한 생각이 들어오고, 온갖 마장이 들끓게 된다.

    모름지기 사람은 생활의 즐거움만을 구하지 않아 불편한 가운데 스스로 이겨낼 수 있는 힘과 지혜를 길러야 하고, 모든 감관을 잘 다스려 육신의 욕망에 휘둘리지 않아야 한다. 또한 먹고 마시는 일에 절제가 있으며, 항상 끊임없이 노력하고 정진하여 마음에 틈을 만들지 말아야 한다. 악마는 그런 수행자를 뒤덮지 못한다. 마치 바람 앞에 우뚝 선 큰 산처럼.

부처님말씀과 마음공부

초판 1쇄 펴낸 날 | 2008년 4월 19일
초판 5쇄 펴낸 날 | 2020년 3월 15일

지은이 | 법상
펴낸이 | 이금석
마케팅 · 경영지원 | 박지원
펴낸곳 | 도서출판 무한
등록일 | 1993년 4월 2일
등록번호 | 제3-468호
주소 | 서울시 마포구 잔다리로9길 10
전화 | 02)322-6144
팩스 | 02)325-6143
홈페이지 | www.muhan-book.co.kr
e-mail | muhanbook7@naver.com

가격 17,000원
ISBN 978-89-5601-754-9